영화 '죠스'의 상어
백상아리
▶ P.96

영지버섯이랑 헷갈리지 마!
붉은사슴뿔버섯
▶ P.92

최대 크기의 포악한 말벌
장수말벌
▶ P.63

어금니에 독이 있는 어엿한 독뱀
유혈목이
▶ P.41

화끈화끈! 일명 '화상벌레'
청딱지개미반날개
▶ P.143

감염병을 옮기기도 하는
흰줄숲모기
▶ P.187

맹렬한 돌진이 목숨을 위협!
멧돼지
▶ P.49

MOVE 알아보자!
위험생물 특선

강력한 힘, 화려한 몸에 지닌 독, 날카로운 이빨…….
우리가 사는 지구에는 다양한 생물들이
자신을 지키거나 먹잇감을 잡는 수단을 갖고 있습니다.
여기에서는 그중에서도 실제로 맞닥뜨릴 확률이 있는
위험생물을 소개합니다.
각각의 생물에 관한 자세한 정보는
본편에서 즐겨 주세요.

위험생물이란

지구상에는 수많은 생물이 있고, 그중에는 인간을 공격해 목숨을 빼앗아 버릴 정도로 위험한 생물도 있어요. 하지만 위험생물들은 이유 없이 인간을 공격하지 않아요. 생물이 어째서 위험한 행동을 하는지 알아볼까요?

이성에게 매력을 뽐내기 위해

번식기에는 수컷들이 자손을 남기기 위해 암컷을 둘러싸고 격렬하게 싸우기도 해요. 싸움 때문에 흥분한 생물은 주변에 위험한 존재가 되죠.

위험한 싸움

살아남기 위해
(배를 채우기 위해)

육식 동물은 다른 동물을 사냥해서 먹어요. 먹이를 얻지 못해 공복 상태일 때는 살아남기 위해 위험을 무릅써서라도 사람을 공격할지도 모르죠.

위험한 사냥

가족이나 자신을 지키기 위해

평소에는 얌전한 생물일지라도 자신의 보금자리나 동료에게 위험이 닥치면, 가족이나 자신을 보호하기 위해 적을 격렬하게 공격하기도 해요. 몸을 지키기 위해서 사람이나 적에게 해로운 독을 지닌 생물도 많아요.

위험이 닥친다!!

저는 지금까지 동물원 원장을 하면서 많은 생물을 곁에서 돌보고 길렀습니다. 그중에는 이 도감에 실린 위험생물도 많았지요. 그들의 박력 있는 모습을 소개할게요.

전 우에노 동물원 원장 **고미야 데루유키**

움직이는 도감 MOVE 위험생물
차례

이 책의 사용법 8

초원·평지의 위험생물 10

큰 녀석들이 온다! 돌진 22

압도적인 파워를 지닌 거대 생물 16

강적에게 맞선다! 역습 28

맹렬한 속도로 달린다! 질주 26

위험생물이 혹시 대결한다면① 사자vs.호랑이 30

위험생물 카탈로그 뱀 무리 32

독뱀 사건부① 14

칼럼 코모도왕도마뱀의 비밀 20

독뱀 사건부② 34

최강 생물 역사 44

숲의 위험생물 46

때린다! 할퀸다!
괴력 56

맹독에 주의!
유독 생물 62

대량 발생으로 나무를 죽인다!
삼림 파괴 70

다가오는 공포!
흡혈 생물 72

- 위험한 공룡의 자손들 52
- 위험생물이 혹시 대결한다면② 코모도왕도마뱀 vs. 큰화식조 54
- 위험생물이 혹시 대결한다면③ 불곰 vs. 울버린 74
- 위험생물 카탈로그 벌 무리 76
- 개미 무리 82
- 거미 무리 86
- 전갈 무리 90
- 칼럼 일본에 있는 독버섯 92

바다의 위험생물 96

육지 동물을 뛰어넘는 스케일!
초거대 생물 104

고도의 지능으로 먹잇감을 마무리!
바다의 갱 106

필살의 일격!
완력 108

바다의 맹독 생물에 주의!
독 가시 110

- 위험생물이 혹시 대결한다면④ 백상아리 vs. 범고래 116
- 위험생물 카탈로그 상어 무리 118
- 칼럼 세계의 맹독 생물 랭킹 126

숨어서 먹잇감을 기다린다
잠복 132

짜릿한 충격!
발전 생물 138

만지면 위험!
독으로 무장한 생물 14

위험생물이 혹시 대결한다면 ⑤ **오리노코악어 vs. 아나콘다** 144

위험생물 카탈로그 **개구리 무리** 146

칼럼 **세계의 괴상한 물고기들** 150

강과 물가의 위험생물 128

날카로운 발톱으로 마무리!
급습 158

어둠 속에서 소리 없이 다가오는
암흑 사냥꾼 162

위험생물이 혹시 대결한다면⑥ **부채머리수리 vs. 재규어** 164

위험생물 카탈로그 **새 무리** 166

칼럼 **공포의 버드 스트라이크** 172

하늘의 위험생물 152

극지의 위험생물 174

사막의 위험생물 178

친숙한 위험생물 184

칼럼 공포의 병원체 188
병원체의 비밀 190
위험생물 안전 매뉴얼 192
색인 194

이 책의 사용법

이 책은 전 세계에 서식하는 위험생물을 소개하고 있습니다. 이 도감을 통해 혹독한 자연에서 씩씩하게 살아가는, 매력 넘치는 위험생물들을 찾아봅시다.

살고 있는 환경
서식하는 환경에 따라 위험생물을 나누어 소개합니다. 이곳에서는, 그 환경에는 주로 어떤 위험생물이 살고 있는지를 해설합니다.

데이터를 보는 방법
- 분류…그 종의 과명이나 속명을 적었습니다.
- 몸 크기…몸길이나 전체 길이 등의 크기 정보를 실었습니다.
- 주된 서식지…그 종이 주로 서식하는 지역입니다.
- 위험한 부분…이빨이나 독 등, 그 종의 위험한 점을 적어 두었습니다.

Q&A
위험생물에 관련된 다양한 질문이 실려 있습니다. 그 질문에 대해 고미야 원장님이 명쾌하게 답해 줍니다.

칼럼
소개하고 있는 위험생물의 더 자세한 생태나 특징 등, 유익한 내용이 실려 있습니다.

메모

고미야 원장님의 흥미로운 한마디 메모를 실었습니다.

일본의 에도 막부에서는 아시아코끼리를 들여와 사육했던 적이 있다고 해요.

⚠ 고미야 원장의 체크 포인트

감수자인 고미야 원장님이 그 코너에서 주목할 만한 점을 알려 줍니다.

마크

💪 공격력   🧪 독

무기나 독으로 사람에게 위해를 가할 위험이 있는 생물에게는 마크가 붙어 있고, 그 생물의 위험도를 세 단계로 나타냅니다.

 ········· 가벼운 상처나 증상으로 그치는 경우가 많을 때.

 ········· 심한 상처나 증상을 동반할 가능성이 클 때.

 ········· 목숨을 위협할 정도로 중대한 상처나 증상을 동반할 가능성이 클 때.

※ 쓰여 있는 위험도는 어디까지나 참고만 해 주시기 바랍니다. 그 생물의 상태나 인간의 몸 상태, 나이 등에 따라 위험도가 크게 달라집니다. 마크가 하나여도 매우 위험할 수 있으니 주의합시다.

맹독에 주의! 유독 생물

⚠ 고미야 원장의 체크 포인트

숲에는 독으로 먹잇감을 잡는 생물이 잔뜩 서식하고 있어요. 개미나 벌 등의 곤충이나 뱀, 지네 등에는 특히 주의하세요. 몸을 지키기 위해 독을 사용하는 생물도 많고, 사람의 목숨을 빼앗을 정도의 맹독을 지닌 개체도 있어요.

개미의 위험 포인트!

개미산이 묻은 피부를 그대로 두면 얇은 껍질이 뜯어지기도 해요. 눈에 들어가면 아주 위험해요. 맨손으로 만지거나 얼굴에 가까이 대면 안 돼요.

홍개미 🧪

숲에 서식하는 개미로 거대한 군체를 이뤄 생활해요. 거대한 둥지에는 100마리의 여왕이 서식하고 있으며, 30만~40만 마리의 병정개미가 존재해요. ▪개미과 ▪4.5~9.0mm ▪한국, 유럽 ▪개미산

Q 개미는 몸에서 독액을 내뿜는 건가요?

A
불개미류 등의 일부 개미는 '개미산'이라고 불리는 독액을 지니고 있어요. 이 개미산은 아주 강력해서 피부에 닿으면 피부가 벗겨져요. 홍개미는 적을 마주하면 무리가 일제히 배에서 개미산을 뿜어내요. 개미뿐만 아니라 예리한 가시를 지닌 쐐기풀이라는 식물도 같은 독액을 지니고 있어요.

장수말벌의 위험 포인트!

장수말벌 동의 벌 독은 다양한 성분이 포함돼 있어요. 그 안의 성분 중에는 두통이나 두드러기 등의 알레르기 반응을 일으키는 것도 있어요. 가장 무서운 알레르기 반응은 '아나필락시스'예요. 현기증이나 호흡 곤란을 일으켜 사망에 이르기도 하며, 장수말벌에게 쏘여 사망하는 사고 대부분은 아나필락시스가 원인이에요.

엉덩이의 독침으로 쏜다!

장수말벌 🧪🧪🧪

한국에서 가장 큰 벌이에요. 무섭고 흉악해 사냥감 인간에 공격하는 사고가 배년 일어나고 있어요. 많이 쓰이면 목숨을 잃을 수 있어요. ▪말벌과 ▪27~44mm ▪한국, 일본 ▪독침

위험 포인트!

그 종이나 무리의 특히 주의가 필요한 무기, 공격, 기술 등을 자세히 설명합니다.

종명

예를 들어, '장수말벌'처럼 생물에게 붙여진 이름을 '종'이라고 합니다. 여기서는 한국에서 자주 쓰이는 이름 위주로 표기하고 있습니다.

초원·평지의 위험생물

아프리카 사바나 등의 초원이나 평지에는 대형 포유류가 서식하고 있어요. 예리한 이빨과 발톱을 지닌 육식 동물 사자, 치타는 대표적인 위험생물이에요. 힘이 센 초식 동물은 인간을 거의 공격하지 않지만, 화나게 하면 위험해요.

사자

고양이과 중에서는 드물게 무리를 지어 사냥해요. 보통 인간을 덮치지 않지만, 무리에 너무 가까이 가면 무리를 지키기 위해 공격해 오는 경우가 있어요.
- 고양이과
- 2.4~3.3m, 189~272kg
- 사하라 사막 이남 아프리카, 인도 서부 일부
- 이빨, 발톱

위험생물 칼럼

팀을 이뤄 무리를 탈취한다

사자는 2~3마리의 수컷, 복수의 암컷과 새끼들로 구성된 무리로 행동해요. 수컷은 두 살 즈음이 되면 무리에서 쫓겨나요. 쫓겨난 수컷은 마찬가지로 쫓겨난 다른 무리의 수컷과 2~3마리의 팀을 이뤄 '방랑 사자'가 되고, 다른 무리를 탈취할 기회를 엿보며 생활해요.

보통은 암컷 여럿이 사냥하고 무리가 먹이를 나눠 먹어요.

아프리카들소를 공격하는 수컷 사자들.

몸을 숨기고 물소 무리의 새끼를 노리고 있어요. 무리가 없는 수컷들은 혼자 사냥해요. 무리를 짓지 못하고 사망하는 수컷도 있어요.

Q 사자는 어떨 때 인간을 공격하나요?

A 사자가 인간을 공격하는 사건이 매년 일어나고 있어요. 야생에서 생활하는 개체 중 병으로 약해진 사자나 나이 든 사자는 임팔라 등의 동물보다 잡기 쉬운 인간을 노리기도 해요. 또, 동물원에서 기르는 사자도 안전하지 않아요. 사육사를 공격해 죽이는 사건도 일어나고 있어요.

초원·평지의 위험생물

표범 💪💪
초원에서 숲까지 다양한 환경에서 살아요. 인도 등지에서는 마을에 나타나기도 하며 사람을 공격하는 사건이 일어나고 있어요. ■고양이과
■91~292cm, 28~90kg ■극동 러시아, 아시아, 아프리카 ■엄니

검은등자칼 💪💪
가족을 중심으로 무리 지어 생활해요. 야행성으로 사바나의 넓은 지역을 돌아다니며 먹이를 찾아요. ■개과
■68~75cm, 5~10kg
■아프리카 ■엄니

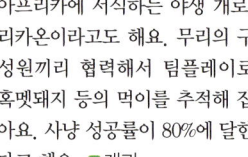

아프리카들개 💪💪
아프리카에 서식하는 야생 개로, 리카온이라고도 해요. 무리의 구성원끼리 협력해서 팀플레이로 혹멧돼지 등의 먹이를 추적해 잡아요. 사냥 성공률이 80%에 달한다고 해요. ■개과
■75~110cm, 18~36kg
■사하라 사막 이남 아프리카
■엄니, 지구력

점박이하이에나 💪💪
두꺼운 뼈를 깨부수는 용도로 발달한 턱 근육과 강한 이빨을 지녔고, 야간에 집단으로 사냥해요. 현지 사람들은 사자보다도 점박이하이에나를 마주하는 걸 두려워해요. ■하이에나과 ■65~114cm, 45~70kg ■아프리카 ■턱 힘, 이빨

사바나얼룩말 💪💪
성질이 난폭해서 사람이 길들이지 못해요. 수컷에게는 큰 이빨이 있어, 수컷끼리 싸울 때는 물어뜯거나 뒷발로 걷어차는 식으로 격렬하게 싸워요. ■말과
■2.2~2.5m, 175~385kg
■아프리카 남동부
■이빨, 뒷발

올리브개코원숭이 💪💪
지상에서 생활하는 원숭이예요. 잡식성이며 때로는 톰슨가젤 새끼 등을 공격해 잡아먹어요. 관광지에서는 사람의 소지품을 훔치는 등의 문제를 일으키고 있어요. ■긴꼬리원숭이과
■60~76cm, 14~25kg
■사하라 사막 이남 아프리카
■예리한 엄니

코피거품메뚜기 🧪
위험이 닥치면 가슴에서 독 있는 거품을 내뿜어 몸을 보호해요. 독은 유충일 때 섭취한 금관화라는 식물에 있는 물질이에요.
■섬서구메뚜기과 ■80mm
■아프리카 남부 ■독 거품

■분류 ■몸 크기 ■주된 서식지 ■위험한 부분

캥거루는 예리한 발톱을 지녔어요.

동부회색캥거루 🐾🐾
붉은캥거루에 버금가는 대형 종이에요. 무심코 가까이 가면 꼬리로 몸을 받치고 똑바로 서서 뒷발로 강렬한 발차기를 날려 공격해요.
- 캥거루과 ● 1.0~1.4m, 40~90kg
- 오스트레일리아 ● 발, 발톱

딩고 🐾🐾🐾
오래전 인간이 아시아에서 데려온 개가 야생화되었다고 알려져 있어요. 딩고에게 아이가 공격당하는 등의 사건이 일어나고 있어요.
- 개과 ● 89~92cm, 10~19kg ● 오스트레일리아, 동남아시아 ● 엄니

붉은캥거루 🐾🐾
대형 캥거루예요. 전신에 근육이 발달하여 힘이 세고, 적을 주먹으로 치거나 발차기로 쓰러트려요. 또 앞발에 크고 예리한 발톱이 나 있어요.
- 캥거루과 ● 85~160cm, 90kg ● 오스트레일리아 ● 발, 발톱

다리 힘이 무시무시해서 한 번의 점프로 10m 거리를 뛸 수 있어요.

독뱀 사건부 ① **발밑을 조심하라?**

이집트코브라를 밟고 만 사자

약해진 사자를 노리는 점박이하이에나가 모여들었어요.

독이 몸에 퍼져서 움직임이 둔해졌어도 점박이하이에나가 공격하지 못하도록 위협해요.

맹독을 지닌 이집트코브라.

사건 개요

어느 더운 사바나의 하루, 그 사건이 일어났어요. 방랑 사자가 먹이를 찾아 초원을 돌아다니던 중 이집트코브라의 꼬리를 깜박 밟고 만 거예요. 공격당했다고 생각한 이집트코브라는 곧장 사자의 뒷다리를 물고 독을 주입했어요. 몸집이 큰 사자는 이집트코브라의 독으로는 죽지 않아요. 하지만 맹독에 의해 심한 현기증이 일어났고 입을 벌린 채 땀을 줄줄 흘리게 됐죠. 게다가 몸이 마비되어 걷지 못하게 된 사자는 점박이하이에나에게 둘러싸이지만, 힘을 쥐어짜 필사적으로 위협해요. 몇 시간 옥신각신하다 사자 몸에 돌던 독이 겨우 분해되어, 점박이하이에나는 포기하고 사자는 무사히 위기를 넘겼어요.

이집트코브라의 독이 사자를 궁지로 몰아넣었다!!

이집트코브라는 사자를 잡아먹으려고 공격하진 않지만, 몸의 위협을 느끼면 반격하기도 해요.

이집트코브라 🧪🧪🧪

아프리카 대륙에서 가장 큰 코브라예요. 신경독이 있어서 물리면 몸이 마비되어 근육이 움직이지 않게 되고, 호흡 곤란에 빠져 죽음에 이르러요. 이 코브라에게 물려 이집트의 클레오파트라가 자살했다는 전설이 있어요.

- 🟢 코브라과　🟠 1.5~2.0m
- 🔵 아프리카, 아라비아반도 남부　🔵 독니(신경독)

Q 사람이 코브라에게 물리면 어떻게 되나요?

A 사람이 코브라에게 물리면 운이 나쁠 경우 즉사해요. 심한 고통을 느낀 뒤 시력에 이상이 발생하고 현기증, 졸음, 마비가 일어나요. 이후 몸을 움직일 수 없게 되고 마지막으로는 호흡 곤란에 빠져 고통스럽게 죽게 돼요.

▶ 킹코브라에 물린 사람의 손이에요. 피부에 혹 같은 물질이 생겨요.

압도적인 파워를 지닌 거대 생물

초원·평지의 위험생물

고미야 원장의 체크 포인트

커다란 몸집은 그것만으로도 강력한 무기가 돼요. 아프리카 사바나에 서식하는 아프리카코끼리는 규격을 벗어난 거구를 지녔어요. 그 거대한 몸 덕분에 무기를 지닌 인간 외에는 천적이 없죠.

아프리카코끼리

지상에서 가장 큰 동물이에요. 가까이 다가가면 귀를 펼쳐 위협해요. 흥분한 아프리카코끼리는 적을 다리로 밟거나 코를 휘둘러 날려 버리는 등 아주 위험해요.

- 🟩 코끼리과 🟥 5.4~7.5m, 3.6~6.0t
- 🟪 사하라 사막 이남 아프리카 🟦 거대한 몸, 코, 다리

🟩 분류 🟥 몸 크기 🟪 주된 서식지 🟦 위험한 부분

Q 코끼리와 사자 중 어느 쪽이 센가요?

A 그 대단한 사자도 아프리카코끼리에게 덤비지는 못해요. 사진과 같이 사자 무리를 쫓아내는 아프리카코끼리의 모습이 기록에 남아 있어요. 사자가 아프리카코끼리를 사냥할 때는 어른 코끼리가 아닌 약한 새끼 코끼리를 무리로 공격해요.

Q 코끼리가 사람을 공격하기도 하나요?

A 어느 조사에 따르면 아프리카나 아시아에서 매년 500명 정도가 코끼리에게 공격당해 목숨을 잃는다고 해요. 아프리카코끼리가 서식하는 일부 지역에서도, 원래 아프리카코끼리의 서식지였던 곳에 사람이 들어가 공격당하는 사건이 일어나고 있어요.

초원·평지의 위험생물

기린
평소에는 온순한 성격이지만 위험이 닥치면 반격해요. 몸무게 1.5t에 달하는 몸으로 시속 50km로 달릴 수 있을 만큼 다리 힘이 세서 사자도 걸어차 죽일 수 있어요.

- 🟢 기린과
- 🔴 4.7~5.7m, 1.2~1.5t
- 🟣 아프리카 북서부
- 🔵 다리

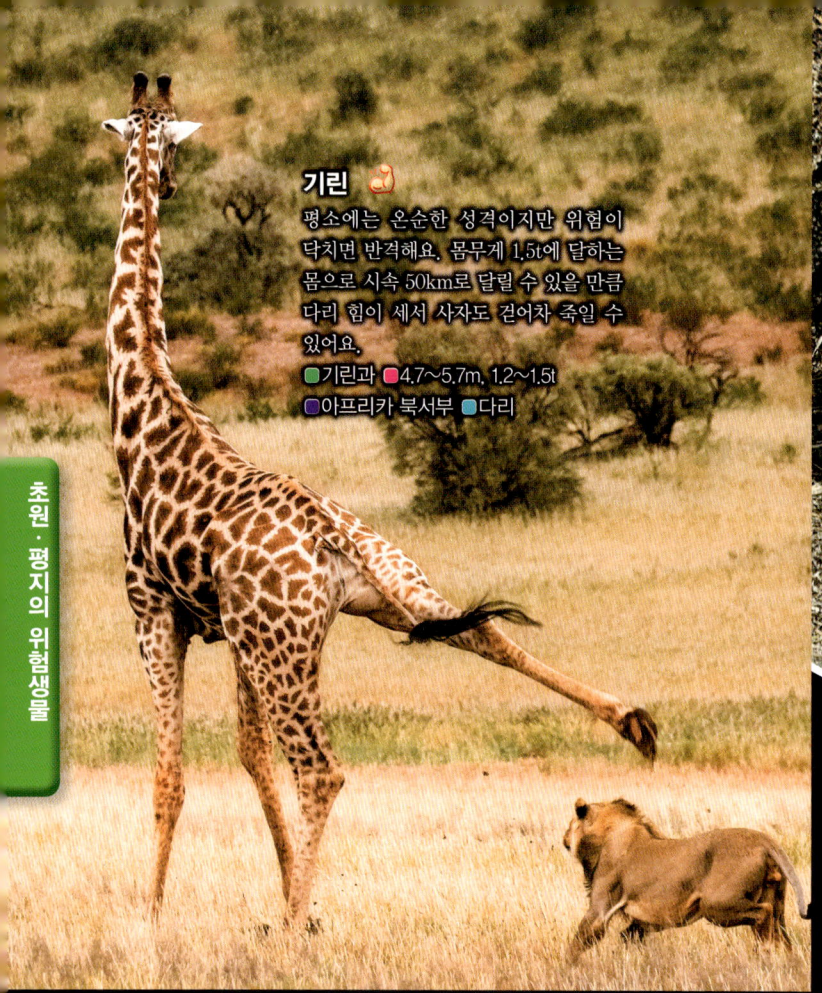

수컷 기린의 격렬한 싸움
수컷 기린들은 성장하면 암컷을 둘러싸고 격렬하게 싸워요. 다리로 걸어차거나 목을 채찍처럼 맞부딪쳐 힘을 겨루죠. '넥킹'이라고 불리는 목을 사용한 공격은 아주 강력해서 넥킹 때문에 목뼈가 부러지는 기린도 있다고 해요.

염소나 돼지 등을 죽이고 잡아먹어요.

Q 코모도왕도마뱀의 독은 곧바로 퍼지나요?

A 코모도왕도마뱀의 독 공격을 받은 물소나 사슴 등은 곧장 쓰러지지 않고 그 자리에서 도망치기도 해요. 하지만 독 공격을 받은 생물은 서서히 독이 퍼져 며칠 뒤 죽음에 이르게 돼요. 코모도왕도마뱀은 먹잇감이 약해질 때까지 쫓아가, 느긋하게 기다렸다가 잡아먹어요.

▶ 코모도왕도마뱀의 이빨. 예리한 이빨로 물어뜯고 상처 낸 부위에 독을 주입해요.

🟢 분류 🔴 몸 크기 🟣 주된 서식지 🔵 위험한 부분

코모도왕도마뱀 🧪🧪🧪

세계에서 가장 큰 도마뱀이에요. 이빨 사이에 있는 복수의 독관(毒管)으로 독을 주입해서 커다란 물소라도 숨통을 끊고 먹어 버려요. 사람을 공격하기도 해요.

- 왕도마뱀과
- 2～3m, 70～165kg
- 인도네시아 코모도섬, 린카섬 등
- 독액, 엄니, 꼬리

코모도왕도마뱀의 위험 포인트!

거대한 몸집이지만 재빠르게 움직일 수 있어요. 또 수영이 특기라 바다로 도망친 먹잇감도 쫓아갈 수 있어서 위험해요. 과거에 사람을 공격해 죽음에 이르게 한 사건이 몇 번인가 일어났어요.

긴 꼬리를 옆으로 비비 꼬아 헤엄쳐요.

코모도왕도마뱀의 비밀

세계에서 가장 큰 도마뱀의 생활 탐구

Q. 똑바로 서서 무엇을 하고 있나요?

A. 번식을 하는 5월에서 8월경이 되면 수컷들끼리 암컷과 영역을 둘러싸고 '컴뱃 댄스(Combat dance, 전투의 춤)'라고 불리는 싸움으로 맞붙어요. 뒷발로 똑바로 서서 몸을 부딪쳐 승부를 내죠. 이 승부에서 이긴 수컷이 암컷과 교미할 수 있어요.

거대한 몸으로 부딪친다!

목을 쭉 늘리고 똑바로 선 수컷.

전산화 단층 촬영(CT)으로 조사해 디지털화한 코모도왕도마뱀의 피부 아래 모습이에요. 피골은 오렌지색으로 표현해 알기 쉽게 했어요.

철사 갑옷 같은 뼈 갑옷!

Q 피부 밑에는 무엇이 있나요?

A 도마뱀 다수는 피부밑에 '피골'이라 불리는 뼈가 있어요. 코모도왕도마뱀도 피골을 지녔고 위 사진처럼 세밀한 뼈(오렌지색 부분)가 갑옷처럼 몸을 덮고 있어요. 이 피골은 새끼일 때는 없고 성체가 되면 나타나요. 코모도왕도마뱀은 성체가 되면 다른 코모도왕도마뱀을 공격해 먹기도 해서, 피골이 그런 다른 개체로부터의 공격에서 몸을 지키는 역할을 한다고 여겨지고 있어요.

▶다른 코모도왕도마뱀의 다리를 먹고 있어요. 이러한 동족포식은 성체 코모도왕도마뱀이 어린 개체를 먹는 경우가 많은 듯해요.

▲새끼 코모도왕도마뱀은 성체 코모도왕도마뱀의 먹이가 되기도 해요. 그래서인지 새끼는 성장하기 전까지 성체가 오르지 못하는 나무 위에서 생활해요.

큰 녀석들이 온다! 돌진

고미야 원장의 체크 포인트
소나 코뿔소 등의 초식 동물은 육식 동물에 비해 얌전해요. 하지만 무리로 달릴 때나 수컷들끼리 암컷을 둘러싸고 경쟁하며 흥분할 때 다가가면 그 거대한 몸으로 돌진해 올 수도 있어서 아주 위험해요.

초원·평지의 위험생물

아프리카들소
아프리카물소라고도 해요. 뿔이 헬멧처럼 단단하여 적을 향해 머리로 순식간에 돌진해요. 이 공격은 사자도 이길 수 있어요. ●소과 ●2.1~3.0m, 500~900kg ●아프리카 ●뿔

많을 때는 1,000마리의 무리로 행동해요. 흥분했을 때 다가가면 특히 위험해요.

▼물소가 무리를 지어 덤비면 강한 수컷 사자조차 속절없이 밟혀요.

사자를 깔아뭉갠다! 물소의 역습

Q 왜 무리 지어 달리는 건가요?

A 힘센 초식 동물일지라도 사자나 점박이하이에나 등에게 둘러싸이면 잡아먹히고 말아요. 혼자 다니면 이러한 육식 동물의 먹잇감이 되기 때문에 무리로 행동해요. 무리는 주로 물이나 먹이인 풀을 찾아 이동하는 것으로 여겨져요.

아메리카들소
아메리카나 캐나다 국립공원에서 가장 위험한 동물이라고 여겨지며, 사람의 목숨을 빼앗는 사고가 발생하고 있어요. 자극하면 공격하기 때문에 주의가 필요해요. ■소과 ■2.1~3.8m, 318~900kg ■아메리카, 캐나다 서부 ■박치기

몸이 크지만, 시속 60km 이상으로 달릴 수 있어요.

초원·평지의 위험생물

누

무리로 생활하며, 큰 무리는 100만 마리에 달해요. 수컷과 암컷 모두 머리에 커다란 뿔이 달려 있으며 치타 등의 적과 맞설 때 사용해요.
- 소과
- 1.7~2.4m, 140~290kg
- 아프리카 동부~남아프리카
- 뿔

Q 뿔이 난 건 무엇을 위해서인가요?

A 초식 동물의 뿔이나 엄니에는 덮쳐 오는 적으로부터 몸을 지키는 역할이 있어요. 그 외에도 다른 초식 동물과의 영역 다툼이나 수컷끼리 암컷을 놓고 다툴 때 사용해요.

▶치타를 반격해 쫓아내기도 해요.

검은코뿔소

흰코뿔소보다 몸집이 약간 작아요. 흥분하면 돌진하는 것은 물론, 뿔로 퍼 올리는 것처럼 적을 집어 던져요.
- 코뿔소과
- 3.0~3.8m, 0.8~1.4t
- 아프리카
- 거대한 몸, 뿔

분류 몸 크기 주된 서식지 위험한 부분

흰코뿔소와 아프리카코끼리가 영역 다툼으로 부딪쳐 싸우고 있어요.

코뿔소 밀렵

수많은 코뿔소가 뿔을 목적으로 잡히고 있어요. 아시아 일부 국가에서는 코뿔소의 뿔이 발열이나 간 치료에 효과가 있다고 믿어 고가에 거래하고 있어요. 그 때문에 뿔을 목적으로 한 코뿔소 밀렵이 급증해 큰 문제가 되고 있어요.

흰코뿔소 🐾🐾
코끼리에 버금가는 거대한 육상 포유류예요. 가까이 다가가거나 진로를 방해하면 돌진하여, 적을 뿔로 밑에서 들어 올려 휙 던져요. 흥분한 흰코뿔소는 아주 위험해요.
- 코뿔소과 3.4~4.2m, 1.4~3.6t
- 아프리카 거대한 몸, 뿔

치타

최고 시속 **110 km**

동물 중에서도 가장 빠르게 달릴 수 있는 사냥꾼으로, 속도가 시속 110km에 달한다고 해요. 사람을 공격하진 않지만, 사육하던 치타가 사람을 다치게 하는 사고는 일어나고 있어요.

- 고양이과
- 1.2~1.5m, 20~70kg
- 아프리카, 이란 북부
- 발톱, 엄니

달리기 시작하면 몇 초 만에 최고 속도에 도달해요. 급하게 속도를 낮추거나 방향을 바꿀 수도 있어요.

Q. 초원에는 다리가 빠른 생물이 많나요?

A. 건물이나 나무 등의 장해물이 적은 초원에서는 도망치거나 쫓아다닐 때 빠르게 달리는 게 유리해요. 그래서인지 사자보다 빠르게 달리고 하늘을 날지 못하는 새인 타조, 지상 최고 속도의 치타 등 빠르게 달리기 위한 신체 구조를 갖춘 생물이 많아요.

가지뿔영양

적을 발견하면 꼬리의 하얀 털을 거꾸로 세워 동료에게 알린 후 도망쳐요. 천적인 코요테에게도 간단히 붙잡히지 않아요.

- 프롱혼과
- 1.4~1.7m, 35~70kg
- 북아메리카
- 속도

최고 시속 **90 km**

가지뿔영양은 장거리를 달리는 체력이 있어 시속 40km로 몇 km나 계속 달릴 수 있어요.

갈기산미치광이 👊

적을 마주하면 등에 있는 가시털을 거꾸로 세우고 다리를 구르며 위협해요. 그래도 적이 물러서지 않으면 등을 돌린 채로 돌진해 예리한 가시털로 찔러요. 🟢 산미치광이과
🔴 71~84cm, 18~30kg 🟣 아프리카 남부 🔵 가시털

캐나다산미치광이 👊

땅과 나무 위에서 생활해요. 적이 다가오면 머리를 앞다리 사이에 끼우고 뒤로 돌아 가시털로 몸을 보호해요.
🟢 나무타기산미치광이과 🔴 60~90cm, 5~14kg
🟣 북아메리카 🔵 가시털

▲평상시에는 긴 털로 가시털을 덮어 숨기고 있어요.

겉모습은 비슷해도 다른 생물

'산미치광이'라는 이름이 붙는 생물은 아시아~아프리카에 서식하는 지상 생물과 남북아메리카에 서식하는 나무 위에서 생활하는 생물이 있어요. 이와 같은 산미치광이들은 겉모습은 비슷하지만, 분류상 '산미치광이과'와 '나무타기산미치광이과'라는 두 개의 그룹으로 나뉘는 전혀 다른 생물이에요. 양쪽 생물 모두 예리하게 뻗은 가시털을 지녀 위험하지만, 특히 아메리카 대륙에서 나무타기산미치광이에게 손을 댔다가 키우는 개가 해를 입는 사고가 일어나고 있어요.

◀아시아~아프리카의 산미치광이는 나무타기산미치광이에 비해 가시털이 딱딱하고 두꺼운 게 특징이에요. 표범이나 하이에나, 사자 등이 이 딱딱한 가시털로 입에 상처를 입으면 식사를 할 수 없게 되어 굶어 죽는 경우가 있어요.

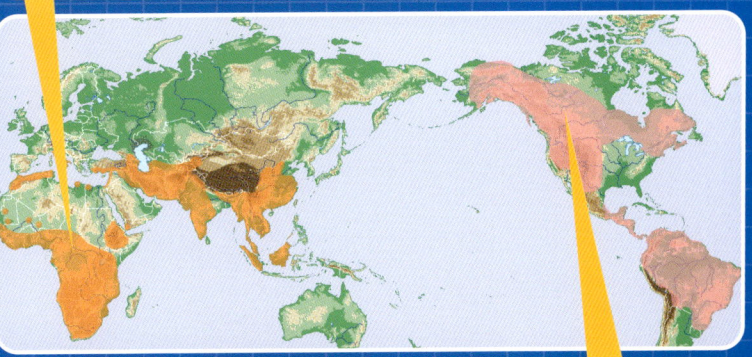

▲나무타기산미치광이의 가시털로 입은 상처가 원인이 되어 사망하는 일도 있어요.

▶나무타기산미치광이의 가시털은 짧고 표면에 돌기가 있어 빼기 어렵게 돼 있어요. 적의 몸에 꽂으면 체온으로 가시털이 부풀어 몸속에 파고들기 때문에 중상에 이르기도 해요.

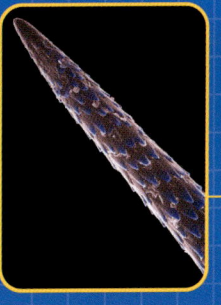 

29

위험생물이 혹시 대결한다면 ①
사자 vs. 호랑이

'백수의 왕'이라고 불리는 사자는 초원의 정점에 선 사냥꾼 집단이에요. 무리를 지어 아프리카들소 등의 강적을 잡아요. '밀림의 왕자'라고 불리는 호랑이는 숲을 지배하는 단독 사냥꾼이에요. 때로는 불곰의 목숨까지도 끊어 버리죠. 보통은 만날 일 없는 두 강자가 싸우면 어떻게 될까요?

⚠ 이 페이지는 야생에서는 좀처럼 관찰되지 않는 위험생물끼리의 대결을 시뮬레이션한 페이지예요. 대결 결과는 생각할 수 있는 예시 중 하나이며, 항상 똑같은 결과를 보장하는 건 아니에요.

사자 vs. 호랑이 승패 포인트

사자

사자는 인간과 다른 사자 이외에 천적이 없어요. 수컷 사자는 성장하면 자랐던 무리를 떠나 다른 수컷의 무리를 빼앗는 여행길에 올라요. 무리를 빼앗는 수컷끼리의 싸움은 아주 격렬해 목숨을 잃기도 하죠. 게다가 빼앗은 후에도 자신의 무리를 지키기 위해 다른 수컷 사자와 계속해서 싸워야만 해요.

베테랑의 펀치 작은 먹잇감은 앞발 펀치로 잡아요. 큰 먹잇감은 목을 물어 숨통을 끊죠. 수컷끼리의 싸움에서도 마찬가지로 격렬한 펀치나 물어뜯기 공격이 이어져요. 싸움은 어느 한쪽이 목숨을 잃을 때까지 이어지기도 하는, 목숨을 건 싸움이에요.

호랑이

호랑이는 넓은 영역을 가졌으며 혼자 생활해요. 새나 물고기, 작은 동물이나 대형 포유류를 먹이로 삼아요. 용맹한 사냥꾼으로, 어린 불곰을 공격해 잡아먹기도 해요. 넓은 범위를 돌아다니며 먹잇감을 찾아요. 사냥할 때는 천천히 다가가, 수풀에서 단숨에 뛰어들어 목을 물고 질식시켜요.

고양이과 최강 엄니 호랑이의 앞발 공격은 물소의 목을 일격에 부러뜨릴 정도예요. 물었을 때 엄니에 실리는 힘은 약 150kg으로, 고양이과 동물 중에서 가장 강력해요. 점프력도 우수해서 아시아코끼리에 올라탄 사람에게 뛰어들어 공격한 적도 있어요.

크기	무게
호랑이 3.1m	호랑이 248kg
사자 2.8m	사자 230kg

위험생물들이 만약 싸운다면……?

총평 백수의 왕이 두각을 드러낸다

사자와 호랑이 중 어느 쪽이 강할까요? 예로부터 사람들 사이에서 논의되던 오랜 주제예요. 고대 로마 시대에는 투기장에서 사자와 호랑이를 싸움에 붙이기도 했어요. 현대 동물원에서는 양쪽이 우연히 치고받는 사고가 일어나고 있어요. 투기장과 동물원 모두 사자가 호랑이를 죽인 기록, 호랑이가 사자를 죽인 기록이 남아 있고 실력은 호각을 다툰다고 해요. 몸의 크기가 큰 쪽이 유리하겠죠. 하지만 같은 체격인 수컷끼리라면 사자가 이길지도 몰라요. 호랑이에게는 없는 사자의 갈기는 목 주변을 보호하는 방어 도구예요. 또 수컷 사자는 무리를 둘러싸고 항상 목숨을 건 싸움을 하고 있어서, 같은 체격을 가진 고양이과 동물과의 싸움에 익숙해요. 갈기와 매일 쌓은 전투 경험을 활용해 사자가 호랑이를 압도하는 일도 있겠지요.

뱀 무리

위험생물 카탈로그

악질방울뱀 🧪🧪🧪
서부다이아몬드방울뱀이라고도 해요. 위험이 닥치면 꼬리의 발음 기관을 흔들어 소리를 내서 위협해요. 아주 공격적이며 강한 독을 지니고 있어요.
- 🟩 살무사과
- 🟥 1.8~2.1m
- 🟦 아메리카 남서부~멕시코 북부
- 🟦 독니(출혈독)

뱀의 특징① 강렬한 독
뱀의 독은 종에 따라 성분이 달라요. 코브라과 뱀의 독은 먹잇감의 몸을 마비시키는 '신경독'이에요. 달려들어 문 먹잇감의 호흡이나 심장 박동을 멈춰 숨통을 끊죠. 살무사과 뱀의 주된 독은 상처에서 출혈을 멈추지 않게 만드는 '출혈독'이에요. 먹잇감은 출혈 과다로 죽어 버리죠. 사람이 물리는 경우 독의 양이 많으면 죽음에 이르기도 하며, 소량으로도 상처 부위가 썩는 증상이 확인되고 있어요.

적의 눈을 노리고 독액 발사!

독액은 적을 향해 정확하게 날아가요.

모잠비크스피팅코브라 🧪🧪
위험을 감지하면 독니에서 독액을 뿌려 대항해요. 독액의 발사 거리는 2m 이상에 달하며 노린 지점에 정확하게 날아가요.
- 🟩 코브라과 🟥 1.0~1.5m 🟣 아프리카 동부~남부
- 🟦 독니(신경독), 날아가는 독액

인도코브라 🧪🧪🧪
갈비뼈를 펼쳐 목을 넓히고 위협해요. 인도에서는 인가 근처에서도 서식해서 사람이 물리는 사고가 종종 일어나고 있어요. 혈청이 있으므로 죽는 일은 그리 많지 않아요.
- 🟩 코브라과 🟥 1.1~2.0m
- 🟣 인도, 스리랑카 🟦 독니(신경독)

▲등에 있는 안경 같은 문양이 특징이에요.

케이프코브라 🧪🧪🧪
아프리카 코브라 중에서 가장 위험하다고 여겨져요. 주된 서식지는 사바나와 사막이지만 인가 근처에서도 발견돼요.
- 🟩 코브라과
- 🟥 1.5~1.7m 🟣 아프리카 남부 🟦 독니(신경독)

▲물린 부위에는 구멍이 나요.

카스피코브라 🧪🧪🧪
카스피해 주변에 서식하는 코브라예요. 강한 독을 가지고 있어요. 새나 소형 포유류를 먹어요. 멸종이 우려되고 있어요.
- 🟩 코브라과 🟥 1.0~1.9m
- 🟣 중앙아시아 🟦 독니(신경독)

독뱀 사건부 ② **적에 둘러싸여 위기일발!**

독액으로 위기를 넘기는 링크할스

미어캣 정도 크기의 생물뿐만 아니라 어떤 상대를 만나도 독액을 뿌리며 저항해요.

링크할스 (Rinkhals) 🧪🧪

모잠비크스피팅코브라와 마찬가지로 몸의 위협을 느끼면 독니에서 독액을 내뿜으며 저항해요. 죽은 척으로 적을 속이고 도망치기도 해요.

- 코브라과
- 90~110cm
- 아프리카 동부~남부
- 독니(신경독), 날아가는 독액

Q 링크할스는 어디에서 독을 내뿜나요?

A 보통 독뱀은 독니 끝에 독을 주입하기 위한 구멍이 있지만, 링크할스는 독니 앞쪽에 독이 나오는 출구가 있어요. 그래서 전방을 향해 독을 내뱉을 수 있어요.

사건 개요

링크할스가 평소처럼 주식인 두꺼비를 찾고 있다가 미어캣 무리를 맞닥뜨렸어요. 미어캣은 뱀에 비하면 아주 경계심이 강해, 사는 곳 근처에 뱀이 나타나면 무리로 공격해서 잡아먹기도 해요. 새끼 미어캣이면 링크할스의 좋은 먹이가 되지만, 성체 무리는 위협적인 적이에요. 둘러싸인 링크할스는 독액을 분사해 내쫓으려고 했지만 움직임이 재빠른 미어캣이 피하고 말아요. 하지만 독액을 피하느라 생긴 틈을 이용해, 링크할스는 도망치는 데 성공했어요.

● 분류 ● 몸 크기 ● 주된 서식지 ● 위험한 부분

미어캣 무리에게 독액으로 대항!

미어캣
사막이나 황무지에 가족으로 무리를 짓고 서식해요. 곤충이나 도마뱀, 전갈 등이 주된 먹이지만, 때로는 뱀도 먹잇감으로 삼아요.
- 몽구스과 ● 25~35cm
- 아프리카 남부 ● 엄니, 발톱

재빠르게 움직이고 팀워크 사냥을 하는 미어캣 무리는 독액을 피하고 공격해서 독뱀을 잡아먹기도 해요.

Q 독액이 사람 눈에 들어가면 어떻게 되나요?

A 링크할스나 모잠비크스피팅코브라의 독액이 눈에 들어가면 심한 고통이 일어요. 고통 때문에 비비거나 긁으면 점막에 상처가 생겨 실명 등의 후유증이 남을 수 있어요. 뱀에 물려서 독이 주입되면 다른 코브라와 마찬가지로 죽음에 이를 수도 있어요.

위험생물 카탈로그 뱀 무리

호랑이뱀 🧪🧪🧪
오스트레일리아에서 가장 두려워하는 독뱀 중 하나예요. 물린 후 치료하지 않는 경우 사망률은 50%라고 해요. 얌전한 뱀이지만 자극하면 공격하기 때문에 위험해요.
- 코브라과 ■ 1.0~2.4m
- 오스트레일리아 남부, 태즈메이니아섬 ■ 독니(신경독)

데스애더 🧪🧪🧪
오스트레일리아에 서식하는 위험한 독뱀이에요. 두껍고 짧은 몸과 사슬 문양이 살무사과 뱀과 닮았지만, 코브라과에 속해요.
- 코브라과 ■ 70~100cm
- 오스트레일리아 남부
- 독니(신경독)

블랙맘바 🧪🧪🧪
세계 최강 독뱀 중 하나로 불리며 서식지인 아프리카에서는 가장 두려워하고 있어요. 아주 재빠르게 움직이는 것으로도 알려져 있어요.
- 코브라과 ■ 2.5~4.3m
- 아프리카 동부~남부 및 서부 일부
- 독니(신경독), 재빠른 움직임

내륙타이판 🧪🧪🧪
세계에서 가장 강력한 독뱀 중 하나로 알려져 있어요. 독의 강도는 일본살무사의 800배에 달한다고 해요. 혈청이 있어 사람은 물려도 죽는 일이 많지 않다고 해요.
- 코브라과 ■ 2.4m
- 오스트레일리아 ■ 독니(신경독)

동부산호뱀 🧪🧪🧪
영명은 이스턴코랄스네이크. 강한 독을 지녔지만, 입이 작아서 사람은 거의 물리지 않아요. 화려한 색은 독을 지니고 있다는 걸 알리는 효과가 있다고들 해요.
- 코브라과 ■ 50~130cm
- 북아메리카 남동부 ■ 독니(신경독)

동부갈색뱀 🧪🧪🧪
영명은 이스턴브라운스네이크. 내륙타이판에 버금가는 강한 독을 지닌 위험한 뱀이에요. 적이 다가오면 목을 S자로 구부린 후 재빨리 날아들어 공격해요.
- 코브라과 ■ 1.2~1.8m
- 오스트레일리아, 파푸아뉴기니, 인도네시아 ■ 독니(신경독)

인도우산뱀 🧪🧪🧪
특수한 신경독을 지닌 뱀이에요. 물려도 아픔은 없지만, 근육을 움직일 수 없게 되어 호흡 곤란 등으로 사망해요. 백신이 있어도 사망률이 절반에 달해요.
- 코브라과 ■ 1.2~1.8m
- 인도 ■ 독니(신경독)

일본산호뱀 🧪🧪
일본에 서식하는 코브라과 뱀이에요. 강한 독을 지녔지만, 입이 작아 물지 못하기 때문에 피해는 없어요. 일본명은 지방 방언으로 가뭄이라는 뜻인 '향'인데, 이 뱀이 나오면 가뭄이 든다는 구전에서 붙은 이름이라고 해요.
- 코브라과 ● 30~60cm
- 일본
- 독니(신경독)

> **위험생물 칼럼** 독은 반시뱀의 20배
>
> 바다뱀 대부분은 얌전하고 거의 먼저 공격하지 않아요. 또 입이 작아 물려도 독이 주입되는 일은 드물어요. 하지만 독이 강력해 위험하다는 것에는 변함이 없어요. 한국과 일본에서 특히 주의해야 하는 뱀은 넓은띠큰바다뱀이에요. 독의 강도가 반시뱀의 20배로, 물렸을 때의 사망률이 60%를 넘는다는 보고가 있어요.

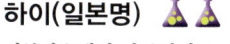

하이(일본명) 🧪🧪
일본산호뱀의 아종이에요. 코브라 중에서도 강력한 독을 지녔지만 얌전한 성격으로 사람에게 거의 해를 가하지 않아요. 잡으면 뾰족한 꼬리 끝을 밀어붙여 와요.
- 코브라과 ● 30~60cm ● 일본 ● 독니(신경독)

넓은띠큰바다뱀 🧪🧪🧪
주로 밤에 활동해요. 반시뱀이나 살무사보다 훨씬 강력한 독을 지니고 있지만 얌전하고 먼저 공격하지는 않아요.
- 코브라과 ● 70~150cm
- 한국, 일본, 타이완, 오스트레일리아 북부
- 독니(신경독)

바다뱀 🧪🧪🧪
노란배바다뱀이라고도 해요. 바다에만 사는 뱀으로 육상에서는 거의 활동하지 못해요. 바다뱀류 중에서도 강력한 독을 지녔고 공격적이므로 주의해야 해요.
- 코브라과 ● 60~120cm
- 인도양~태평양
- 독니(신경독)

끈띠바다뱀 🧪🧪🧪
강한 신경독을 지녔지만 자극하지 않는 한 공격하지는 않아요. 낮에는 해안가 근처의 육지로 올라오기도 해요.
- 코브라과 ● 80~150cm ● 일본, 인도양 동부, 태평양 서부 ● 독니(신경독)

위험생물 카탈로그 뱀 무리

가분살무사 🧪🧪🧪
뱀 중에서도 1~2위를 다투는 거대한 독니를 가졌어요. 몸 색깔이 마른 잎과 비슷해 낙엽으로 위장한 채 먹잇감을 기다려요. ■살무사과
■1.6~2.1m ■아프리카 남부~남동부 ■독니(출혈독)

자라라카 🧪🧪
열대 우림이나 사바나, 농경지에 서식하는 독뱀이에요. 야행성이며 강한 출혈독을 가지고 있어 물리면 상처의 피가 멈추지 않게 돼요. ■살무사과 ■80~160cm
■브라질, 아르헨티나, 파라과이 ■독니(출혈독)

부시마스터 🧪🧪🧪
살무사 중에서 가장 큰 뱀이에요. 주로 아마존 정글에 살고 있어요. 얌전하다고 알려져 있으나 독의 양이 많아서 물리면 목숨을 잃을 위험이 있어요. ■살무사과
■1.6~3.6m ■남아메리카(아마존강 유역) ■독니(출혈독)

라이노바이퍼 🧪🧪
아주 화려한 색으로, 숲속의 낙엽과 분간이 되지 않을 수 있어요. 입 끝에 코뿔소 뿔 같은 돌기가 나 있어요.
■살무사과 ■90~120cm ■아프리카 서부~중부
■독니(출혈독)

뻐끔살무사 🧪🧪
아프리카에서 두려워 하는 뱀 중에 하나예요. 독의 양이 많고 물리면 출혈이 멈추지 않게 되며 살이 썩어 들어가요. 몸이 아주 두꺼운 게 특징이에요. ■살무사과
■1.0~1.9m ■아프리카, 아라비아반도 남부
■독니(출혈독)

■분류 ■몸 크기 ■주된 서식지 ■위험한 부분

가시북살무사 🧪🧪🧪
톱니비늘살무사라고도 해요. 경계하면 몸을 구부리고 비늘을 비벼 톱을 갈 때 나는 소리를 내요. 성격이 공격적이며 물리는 사고가 종종 발생하고 있어요.
- 🟢 살무사과 🔴 30~80cm 🔵 인도, 스리랑카 🟦 독니(출혈독)

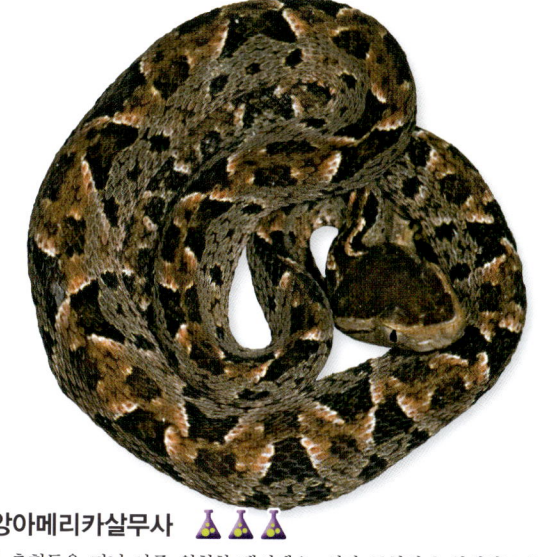

중앙아메리카살무사 🧪🧪🧪
강한 출혈독을 지닌 아주 위험한 뱀이에요. 인가 근처의 농원에서도 볼 수 있으며 공격적인 성격이어서 물리는 사고가 일어나고 있어요. 물리면 살이 썩어 들어가요.
- 🟢 살무사과 🔴 1.2~2.5m 🔵 중남미 🟦 독니(출혈독)

러셀살무사 🧪🧪🧪
인가 근처에도 서식하여 물리는 사고가 자주 일어나고, 인도나 스리랑카에서는 특히 두려워하는 뱀이에요. '러셀'은 파충류 학자의 이름이에요.
- 🟢 살무사과 🔴 1.0~1.9m
- 🔵 인도, 파키스탄, 스리랑카, 네팔
- 🟦 독니(출혈독)

모하비방울뱀 🧪🧪🧪
주로 사막에 서식하는 방울뱀이에요. 출혈독과 신경독, 두 가지의 독을 모두 지녔어요.
- 🟢 살무사과 🔴 70~137cm
- 🔵 아메리카 남서부~중미
- 🟦 독니(출혈독, 신경독)

위험생물 칼럼 — 독뱀의 격전지, 인도의 흉악한 4대 뱀

전 세계에서 매년 10만 명이 독뱀에 물려 목숨을 잃고 있지만, 이 중에 절반은 인도 독뱀에 의한 사고예요. 인도에서는 맹독을 지닌 뱀이 인가 주변에 서식하는 경우가 많아, 독뱀에 물려 목숨을 잃는 사고가 끊이지 않고 일어나고 있어요. 러셀살무사, 인도코브라, 가시북살무사, 인도우산뱀과 같은 독뱀 4종은 특히 사고가 잦아 '빅 4'라고 불리는 두려움의 대상이에요.

위험생물 카탈로그 뱀 무리

백보사 🧪🧪
물리면 백 보를 걷기 전에 죽는다는 전설에서 이름이 붙여졌어요. 그 이름대로 독이 아주 강력하고 위험한 뱀이에요.
- 살무사과 ● 1.2~1.6m
- 타이완, 중국 남부, 베트남 북부
- 독니(출혈독)

반시뱀 🧪🧪🧪
일본 육지에 서식하는 뱀 중에서도 특히 강한 독을 지녔어요. 인가 근처에도 살아서 사람이 물리는 사고가 매년 일어나고 있어요. 야행성이며 나무에 오르는 일도 많아요.
- 살무사과 ● 1.2~2.4m
- 일본 ● 독니(출혈독)

열을 감지하는 피트 기관
일부 뱀은 눈과 코 사이에 '피트 기관'이라는 것을 지녔어요. '피트 기관'은 동물의 몸에서 나오는 열을 감지할 수 있어요. 뱀은 이것을 활용해 야간에도 먹잇감의 위치를 파악하고 사냥할 수 있어요.

▲악질방울뱀의 피트 기관은 열을 감지할 수 있는 능력이 뱀 중에서도 탁월해요.

사원살무사 🧪🧪
열대 우림에 서식하며 육상에서 생활해요. 독은 강하지 않지만 물리면 심한 고통이 일어요. 지역에 따라 몸 색깔이 달라요.
- 살무사과 ● 75~100cm ● 동남아시아 ● 독니(출혈독)

일본살무사 🧪🧪🧪
일본 홋카이도에서 규슈에 걸쳐 서식하는 뱀 중 특히 강력한 독을 지녔어요. 공격해 오지는 않으나 실수로 밟거나 무심코 다가서면 물릴 수 있어요.
- 살무사과 ● 45~70cm
- 일본 ● 독니(출혈독)

유혈목이 🧪🧪🧪

안쪽 이빨에서 분출되는 독과 목에서 나오는 독, 두 가지의 독을 지녔어요. 깊게 물리지 않는 한 독니가 닿지 않기 때문에 위험하지 않지만, 독은 살무사나 반시뱀보다 강해 사망에 이르기도 해요.
- 뱀과 70~150cm 한국, 일본, 동아시아
- 독니(출혈독), 목에서 나오는 독

붐슬랭 🧪🧪🧪

나무 위에 서식하며 주로 카멜레온을 먹이로 삼아요. 아주 강한 독을 지녔기 때문에 물리면 목숨을 잃을 수도 있어요.
- 뱀과 1.4~2.0m
- 아프리카 독니(출혈독)

일본쥐뱀 💪

일본에서 가장 친숙한 뱀이며 마을에서도 평범하게 발견돼요. 독은 없지만 물리면 상처 부위에 염증이 생기는 일이 있어요.
- 뱀과 1.1~2.0m
- 일본 엄니

붉은능구렁이 💪

류큐능구렁이라고도 해요. 주식은 뱀이나 도마뱀이에요. 때로는 맹독을 지닌 반시뱀까지도 잡아먹어요. 성질이 아주 사나워 곧장 달려들어 와요.
- 뱀과 1~2m
- 일본 엄니

뱀의 목은 막히지 않는다

뱀은 자신의 몸보다 큰 먹잇감을 집어삼키기도 하는데, 목이 막히진 않을까요? 실은 입에 공기를 넣는 구멍이 있어서 목이 막혀도 호흡할 수 있어요.

◀알을 집어삼키는 일본쥐뱀의 입에 있는 호흡용 구멍이 보여요.

사바나덩굴뱀 🧪🧪🧪

가늘고 긴 몸을 지녀 나무 타기가 특기예요. 카멜레온 등을 공격해 먹어요. 혈청이 개발돼 있지 않아서 물리면 목숨을 잃을 위험이 있어요.
- 뱀과 1.0~1.7m
- 사하라 사막 이남 아프리카
- 독니(출혈독)

맹그로브뱀 🧪

맹그로브 숲에 서식하며 나무에 올라 새 등을 잡아먹어요. 성격이 아주 공격적이에요. 독은 약해서 물려도 죽진 않아요.
- 뱀과 2.0~2.6m 동남아시아
- 독니(신경독)

그물무늬비단뱀의 위험 포인트!
커다란 개체일 경우 상당히 위험해요. 사람이 죽는 사례도 확인되고 있어요. 일본에서는 2012년, 반려동물 숍의 사육장에서 남성이 몸길이 6.5m인 그물무늬비단뱀에 습격당해 사망한 사고가 일어났어요.

위험생물 카탈로그 뱀 무리

보아
열대 우림에서 농경지까지 다양한 환경에서 관찰돼요. 커다란 먹잇감을 휘감아 강력한 힘으로 졸라 죽여요.

- 보아과
- 3.0~4.3m
- 멕시코 남부~아르헨티나 북부
- 조르기

● 분류 ● 몸 크기 ● 주된 서식지 ● 위험한 부분

그물무늬비단뱀 👊👊👊
세계에서 가장 긴 뱀으로 불리며 최대 10m에 달해요. 야행성이고 잠든 멧돼지나 원숭이 등에게 몰래 다가가 휘감아서 죽여요.
- 🟢비단뱀과 🔴6.5~10.0m
- 🟣동남아시아 🔵조르기

뱀의 특징② | 조이는 힘
보아과나 비단구렁이과의 뱀은 독을 지니지 않았어요. 하지만 거대한 몸과 강한 힘으로 작은 생물은 물론 대형 포유류까지 휘감아 통째로 집어삼키죠. 뱀은 먹잇감을 휘감고 그것이 숨을 쉴 때마다 점점 더 강한 힘으로 조이기 때문에, 먹잇감은 호흡이 끊기고 결국에는 질식하게 돼요.

인도왕뱀 👊👊👊
주로 물가에 서식하며 사슴이나 도마뱀, 새 등을 잡아먹어요. 반려동물로 사육되기도 하며, 주인이 졸려 사망하는 사고가 일어났어요.
- 🟢비단뱀과 🔴3.0~9.2m 🟣동남아시아 🔵조르기

아프리카비단뱀 👊👊👊
아프리카 최대의 뱀이에요. 물가에 숨어 임팔라 등의 거대 먹잇감을 통째로 집어삼켜요. 독은 없지만 아주 공격적이에요.
- 🟢비단뱀과 🔴6~7m 🟣아프리카 🔵조르기

역대 위험생물 총집합!
최강 생물 역사

지구에 생명이 탄생한 이래로 어류나 파충류, 공룡, 포유류 등의 수많은 생물이 나타났어요. 여기서는 5억 년 이상 전의 캄브리아기까지 거슬러 올라, 각 시대의 지구를 지배했던 최강 생물들을 소개해요.

캄브리아 대폭발!
다양한 형태를 지닌 생물이 캄브리아기에 돌연 나타났어요. 이 폭발적인 진화를 '캄브리아 대폭발'이라고 부르며, 현재 생물들의 조상은 모두 이 시대에 태어난 것으로 생각돼요.

아노말로카리스
캄브리아기 바다에서 최강이었던 생물로 여겨져요. 두 개의 커다란 촉수로 어떤 먹잇감이건 잡아먹었다고 해요. ●60~80cm
●중국, 북아메리카, 오스트레일리아 남부 ●촉수

아르트로플레우라
현대의 노래기와 비슷한 모습을 하고 있던 것으로 여겨지며, 크기가 무려 2m에 달했어요. 크기 덕분에 천적이 없었다고 해요. ●최대 2m
●아메리카, 스코틀랜드 ●거대한 몸

초거대 절지동물이 숲을 지배하다!
이 시대의 육지는 식물이 무성했고, 곤충이나 지네 등 절지동물이라고 불리는 생물이 번성했어요. 현대의 절지동물의 몇 배에 달하는 커다란 곤충들이 육지를 지배했어요.

캄브리아기	오르도비스기	실루리아기	데본기	석탄기	페름기
5억 4100만 년 전부터	4억 8540만 년 전부터	4억 4380만 년 전부터	4억 1920만 년 전부터	3억 5890만 년 전부터	2억 9890만 년 전부터

어류가 바다를 가득 메웠다!
데본기는 '어류의 시대'라고 불릴 정도로 수많은 어류가 번성했던 시대예요. 그중에서 견고한 턱을 가진 강력한 대형 어류 등이 등장했어요.

정점에 군림했던 포유류형 파충류!
페름기에는 파충류가 번성했어요. 더불어 포유류처럼 체모를 지닌 '포유류형 파충류'가 나타나 강력한 포식자로 군림했어요.

둔클레오스테우스
강력한 턱에 이빨을 대신하는 칼날 모양의 단단한 뼈가 나 있어 당시의 상어나 다른 물고기를 물어 찢을 수 있었어요. ●8~10m ●모로코 ●칼날 모양의 뼈

고르고놉스
고르고놉스는 당시에 몸집이 가장 큰 포식자였어요. 길이 10cm에 달하는 예리한 엄니로 먹잇감을 공격했던 것으로 여겨져요. ●3m ●아프리카 남부 ●엄니

●몸 크기 ●주된 서식지 ●위험한 부분

공룡 시대의 바다

공룡이 지상을 지배했던 무렵에는 어룡이나 수장룡이라고 불리는 해양 파충류가 바다를 지배했어요. 트라이아스기에 출현한 해양 파충류는 백악기에 멸종하기 전까지 전 세계의 바다에서 번성했어요.

▲이크티오사우루스는 어룡에 속하는 생물이에요. 몸길이는 2m 정도이며 헤엄이 특기였어요.

▶플레시오사우루스는 수장룡에 속하는 생물이에요. 몸길이는 5m이며 네 개의 지느러미를 움직여 헤엄치면서 물고기 등을 먹었다고 해요.

티라노사우루스
역사상 가장 큰 육식 공룡이에요. 턱으로 무는 힘은 8t에 달했으며, 먹잇감을 뼈째로 부숴 먹었던 것으로 여겨져요. ●12~13m ●캐나다, 아메리카 ●이빨

알로사우루스
쥐라기의 대표적인 육식 공룡이에요. 고기를 물어뜯기에 적합한 이빨과 발톱을 무기로 활용했고, 재빠른 움직임으로 먹잇감을 쫓았어요. ●8~12m ●탄자니아, 아메리카 ●이빨, 발톱

공룡 시대의 도래!
트라이아스기가 되면 포유류형 파충류는 모습을 감추고 그 대신 공룡이 등장해요. 쥐라기가 되어 수많은 종류의 공룡이 나타나고, 점점 몸집이 커져 크게 번성했죠. 쥐라기에서 백악기까지 실로 1억 년 이상에 걸쳐 공룡이 지상을 지배했어요.

공룡 왕국 최후의 지배자!
백악기 말기에 최대 크기를 지닌 '티라노사우루스'가 등장했어요. 하지만 6600만 년 전에 공룡은 멸종했고, 1억 년 이상에 걸친 공룡 시대는 막을 내렸어요. 그 후 쥐라기와 백악기 무렵에는 작은 개체뿐이었던 포유류가 점점 거대화했어요.

트라이아스기	쥐라기	백악기	고제3기	신제3기	제4기
2억 5190만 년 전부터	2억 130만 년 전부터	1억 4500만 년 전부터	6600만 년 전부터	2303만 년 전부터	258만 년 전부터

공룡을 위협하는 역사상 최대의 악어!
공룡이 지배했던 지상에는 파충류나 포유류 등도 서식했지만, 공룡의 먹이가 되는 것이 대부분이었어요. 하지만 공룡을 공격했던 악어도 있었던 모양이에요.

데이노수쿠스
전체 길이가 10m 이상에 달하는 역사상 최대 악어 중 하나예요. 현대 악어의 조상으로 여겨져요. 당시에는 공룡을 먹이로 삼았어요. ●10m 이상 ●북아메리카 ●이빨

최강 대형 포유류!
백악기 이후에는 커다란 포유류가 등장했어요. 제4기 무렵에는 곰이나 호랑이 등이 등장해 강력한 포식자로 군림했어요.

짧은얼굴곰
뒷발로 서면 4m, 무게는 1t을 넘어서기도 했던 역사상 최대 크기의 곰이에요. 손발이 길고 빠르게 달릴 수 있었어요. 속도와 힘을 모두 갖춘 당시 최강의 사냥꾼으로 생각돼요. ●4m ●북아메리카 ●발톱

숲의 위험생물

나무들이 울창한 숲은 먹을 것이 풍부하고 몸을 숨길 장소가 많아요. 그래서 대형 포유류부터 작은 곤충이나 버섯 등의 균류까지, 다양한 위험생물이 숲에 모여서 살고 있어요.

위험생물 칼럼: 원숭이가 원숭이를 먹는다?

침팬지는 주로 과일을 먹으며 생활해요. 한편으로는 젊은 수컷 등이 모여 붉은콜로부스 같은 작은 원숭이를 집단으로 사냥해 먹기도 해요. 또 영역을 지키기 위해 다른 무리의 침팬지를 공격해 죽이는 일도 있을 정도로 흉포해요.

※사진은 멧돼지류의 새끼를 먹고 있는 모습이에요.

아주 드문 일이지만, 무리의 리더를 동료 침팬지가 공격해 죽이는 일도 일어나요.

풀 줄기를 도구로 쓸 수 있어요. 흰개미의 둥지에 넣고 달라붙은 개미를 건져 올려요.

침팬지

지능이 높은 것으로 알려졌으며, 큰 수컷은 아주 공격적이에요. 과일을 먹는 이미지가 있지만, 고기도 잘 먹어요.

- 성성이과
- 63.5~92.5cm, 26~70kg
- 아프리카 중부
- 엄니, 턱, 힘, 지능

Q 침팬지는 위험생물인가요?

A 침팬지는 동물원이나 텔레비전에서 자주 볼 수 있고, 지능이 높아 귀여운 동물로 친숙하죠. 하지만 실은 위험한 동물이에요. 힘이 세고 아주 난폭한 면도 있어서, 사람을 공격해 크게 다치게 하거나 목숨을 잃게 하는 사고가 가끔 일어나고 있어요. 베테랑 사육사도 두려워할 정도예요.

침팬지의 위험 포인트!

예리한 엄니나 강력한 턱을 특히 주의해야 해요. 침팬지의 입에 손가락을 넣어 인사하던 동물원 사육과장의 손가락 끝을 어느 날 침팬지가 물어서 잘라 버린 사례가 있어요.

숲의 위험생물

Q 자기보다 큰 먹잇감을 노리는 생물이 있나요?

A 울버린은 북반구의 숲에 서식하는 족제비과 동물이에요. 작은 동물이지만 아주 공격적인 것으로 유명하죠. 깊은 눈 속에 빠진 말코손바닥사슴의 목을 물어뜯고 숨통을 끊기도 해요. 말코손바닥사슴의 몸무게는 약 600kg, 그에 반해 울버린은 30kg 정도로, 자기 몸무게의 무려 20배에 달하는 말코손바닥사슴을 먹이로 삼고 있어요.

말코손바닥사슴
사슴 중에서 가장 큰 종이에요. 수컷의 거대한 뿔은 좌우 너비가 2m에 달해요. 새끼를 데리고 있는 암컷은 특히 위험하며, 가까이 다가오는 적을 앞발로 걷어차 공격해요. ●사슴과 ●2.3~3.1m, 270~600kg
●북아메리카, 유라시아 북부 ●뿔, 다리

울버린
몸집은 작지만 강력한 턱을 지녔어요. 아주 공격적이며 자신보다 압도적으로 큰 순록을 사냥할 수도 있어요.
●족제비과 ●65~105cm, 9~30kg
●북아메리카, 유라시아 북부
●턱, 발톱

『시턴 동물기』로 유명한 박물학자 시턴은 울버린을 '곰도 두려워하는 흉악한 동물'로 표현한 바 있어요.

●분류 ●몸 크기 ●주된 서식지 ●위험한 부분

멧돼지
몸의 위협을 감지하면 상대를 향해 돌진하여 물어뜯거나 예리한 엄니로 공격해요. 일본에서도 매년 사고가 일어나고 있어요.
- 멧돼지과
- 90~180cm, 50~350kg
- 한국, 일본, 아시아, 유럽, 아프리카 남부
- 엄니, 돌진

▲멧돼지의 엄니는 아주 예리해서 두꺼운 옷도 간단히 잘라 낼 수 있을 정도예요.

사람을 감염시키는 병원균을 지닌 개체도 있어요. 함부로 만져선 안 돼요.

위험생물 칼럼 — 엄니도 뚫지 못하는 견고한 피부
번식기의 수컷은 지방층이 갑옷처럼 단단해지며 독특한 냄새를 풍기게 돼요. 번식기에는 수컷들끼리 암컷을 둘러싸고 예리한 엄니로 싸움을 벌이지만 엄니가 박히는 어깨나 목의 피부가 단단하고 견고해 싸우다가 죽는 경우가 거의 없다고 해요.

거대한 멧돼지 '호그질라'
일본에서 볼 수 있는 멧돼지는 100kg을 넘는 것도 드물며 최대 크기여도 200kg 전후이지만, 세계에는 더 큰 멧돼지가 있어요. 세계 최대인 개체는 500kg을 넘으며, 2015년 러시아에서 붙잡힌 거대 멧돼지는 어깨높이 1.7m, 몸무게 약 535kg에 달했다고 해요. 이런 거대한 멧돼지는 '호그질라'라고도 불려요. '호그질라'는 영어로 돼지를 나타내는 '호그'와 괴수 '고질라'를 합친 이름이에요.

미국너구리
라쿤이라고도 해요. 물고기나 가재, 새 등의 작은 동물을 잡아먹어요. 귀여운 얼굴이지만 성질이 난폭하고 몸에 위험을 감지하면 이빨이나 발톱으로 공격해요.
- 미국너구리과
- 60~95cm, 1.8~10.4kg
- 캐나다 남부~남아메리카
- 이빨, 발톱

흰코사향고양이
나무 타기가 특기이며 과일을 좋아해요. 인가 지붕 뒤편에 붙어살기도 하며, 잡으려고 하면 반격하여 물기도 하므로 주의가 필요해요.
- 사향고양이과
- 50~76cm, 3.6~5.0kg
- 동남아시아~인도 북부
- 엄니

말승냥이

회색늑대라고도 해요. 사람을 공격할 것이란 이미지가 있지만, 실은 경계심이 강해 사람 앞에 모습을 거의 드러내지 않아요. 자랑하는 체력과 팀워크로 먹잇감을 사냥해요.

- 개과
- 82~160cm, 23~80kg
- 북아메리카, 유라시아
- 엄니

숲의 위험생물

불곰과 먹잇감을 놓고 다투고 있어요.

일명 "팩(pack)"이라고 불리는, 10마리가량으로 구성되고 서열이 명확한 무리를 지어 사냥해요.

Q 늑대는 사람을 공격하나요?

A 늑대가 사람을 공격하는 건 드문 일로 생각되지만, 아주 가끔 사람을 공격하는 사건이 일어나고 있어요. 2005년에는 캐나다에서, 2010년에는 아메리카에서 사람이 목숨을 잃는 사고가 있었고, 늑대에게 공격당한 흔적이 발견됐어요. 하지만 목격자는 없었고 2건 모두 늑대에게 공격받은 게 직접적인 사인인지는 확인되지 않았어요.

농작물에 피해를 주는 해충으로 유명해요. 귤이나 콩의 즙을 빨아 먹으면 열매가 변형돼 버려요.

썩덩나무노린재
가을이 되면 겨울을 나는 수많은 썩덩나무노린재가 집안에 들어오기도 해요. 독은 없지만 아주 고약한 냄새를 내뿜어요.
- 노린재과 ● 13~18mm
- 한국, 일본, 동아시아
- 고약한 냄새

사냥하기 전이나 영역을 주장할 때 짖는 소리를 내요. 이 소리는 10km 밖까지 도달한다고 해요.

최근 연구로 캐나다 서부 브리티시컬럼비아주에 서식하는 늑대는 연어 철이 되면 사슴이나 다른 야생 동물보다 연어를 즐겨 먹는다는 것이 밝혀졌어요.

남미종말파리
사람피부파리라고도 불러요. 모기나 진딧물 등에 알을 낳아요. 모기나 진딧물이 사람의 피를 빨 때 알이 달라붙어 부화해요. 부화한 유충은 사람의 피부에 숨어들어서 살을 파먹으며 성장해요.
- 말파리과 ● 15~18mm ● 멕시코~아르헨티나 ● 기생

위험한 공룡의 자손들

큰화식조
숲에 서식하는 날지 못하는 새로, 사람의 키와 비슷한 크기예요. 다리가 매우 견고해 적이 다가오면 강력한 발차기를 무기로 싸워요.
- 화식조과
- 1.3~1.7m, 58kg
- 뉴기니섬, 오스트레일리아
- 다리, 발톱

숲의 위험생물

Q 새는 공룡의 자손인가요?

A 최근 연구에서는 공룡의 일부 그룹이 조류로 진화한 것으로 생각하고 있어요. '소형 수각류'라고 불리는 공룡 그룹의 골격이 조류와 유사해요. 또 새처럼 깃털이 나고 날개를 지닌 공룡 화석이 많이 발견되었어요. 이러한 공룡들 사이에서 몸이 가벼워지고 하늘을 날 수 있도록 진화한 것이 조류가 된 셈이지요.

▶알은 녹색이에요.

마치 공룡을 방불케 하는 다리, 예리하고 긴 발톱이 자라 있어요.

●분류 ●몸 크기 ●주된 서식지 ●위험한 부분

실론야계
스리랑카에 서식하는 야생 닭이에요. 수탉류는 다리에 '며느리발톱'이라고 불리는 돌출된 부위가 있어요. 이 '며느리발톱'을 무기로 활용해 수컷들끼리 암컷을 둘러싸고 싸움을 벌여요. ■꿩과 ■35~72cm ■스리랑카 ■다리에 있는 며느리발톱

며느리발톱은 피부가 발달하여 돌출된 각질이에요.

위험생물 칼럼 - 싸우는 닭들
우리가 흔히 알고 있는 닭은 '적색야계'라고 불리는 야생 닭을 식용이나 관상용, 투계용으로 가축화시킨 종이에요. 투계란 암컷을 둘러싸고 싸우는 수컷의 습성을 이용한 경기로 전 세계 각지에서 예로부터 관찰됐어요.

며느리발톱과 호아친

약 1억 5000만 년 전에 존재했던 시조새는 현재 가장 오래된 조류로 알려졌어요. 시조새는 수많은 원시적 특징이 남아 있어 날개에 발톱이 있었어요. 호아친의 새끼도 날개에 발톱이 있고, 소화 구조가 다른 새와 다른 점 등으로부터 시조새와 관계가 있고 원시적인 특징이 남아 있는 새가 아닐까 여겨지기도 했어요. 지금은 시조새와는 관계없다는 것이 밝혀졌어요.

호아친
아마존강과 오리노코강 근처에 서식하는 새예요. 새끼의 날개에는 발톱이 있어요. 날개를 지녔지만, 장거리를 날지는 못해요. ■호아친과 ■62~72cm ■남아메리카 북부 ■발톱

◀새끼의 발톱은 나뭇가지에서 나뭇가지로 이동할 때, 물가에서 육지로 돌아올 때 나뭇가지를 잡는 것에 도움이 돼요.

위험생물이 혹시 대결한다면 ②
코모도왕도마뱀 vs. 큰화식조

세계에서 가장 큰 도마뱀인 코모도왕도마뱀과 가장 큰 새인 큰화식조. 양쪽 다 서식지에서는 무적이지만, 둘이 싸우면 어떻게 될까요?

크기	무게	속도
코모도왕도마뱀 3m	코모도왕도마뱀 70kg	큰화식조 시속 50km
큰화식조 1.7m	큰화식조 58kg	코모도왕도마뱀 시속 20km

코모도왕도마뱀 vs. 큰화식조 승패 포인트

코모도왕도마뱀

원숭이나 염소, 사슴, 물소 등을 먹잇감으로 삼아요. 살아 있는 생물 외에 사체도 먹어요. 커다란 몸에 어울리지 않게 움직임이 빠르며, 사냥할 때는 지면에 딱 달라붙어 기다리다가 다가온 먹잇감에 뛰어들어요. 비늘로 덮인 피부 아래는 피골이라는 가느다란 뼈로 덮여 있어 견고한 구조로 돼 있어요.

들쑥날쑥한 이빨과 독 코모도왕도마뱀의 이빨은 들쑥날쑥해 먹잇감의 살을 자르는 데 적합해요. 이빨 사이에는 독관이 있어서 물어뜯은 곳에 독을 주입해요. 붙잡혀 물린 먹잇감은 독이 오르면서 약해지고, 이윽고 죽음에 이르러요.

큰화식조

번식기 이외에는 홀로 생활해요. 숲속을 걸어 다니면서 지면에 떨어진 열매나 달팽이 등의 작은 동물을 잡아먹어요. 영역 의식이 강해 다른 큰화식조 등이 자신의 영역을 침범하면 강력한 발차기로 공격해요. 이런 공격으로부터 몸을 보호하기 위해 신체가 견고한 피부와 붓 같은 단단한 깃털로 덮여 있어요.

강력한 발차기와 예리한 발톱 큰화식조의 다리 힘은 아주 강력해요. 게다가 다리에 3개의 예리한 발톱이 있어서 아주 위험해요. 미국에서는 큰화식조를 사육했던 남성이 습격받아 사망하는 사고가 일어나고 있어요.

⚠ 이 페이지는 야생에서는 좀처럼 관찰되지 않는 위험생물끼리의 대결을 시뮬레이션한 페이지예요. 대결 결과는 생각할 수 있는 예시 중 하나이며, 항상 똑같은 결과를 보장하는 건 아니에요.

위험생물들이 만약 싸운다면……?

🚩 **총평** 큰화식조도 독은 당해 낼 수 없다?

크기나 몸무게는 코모도왕도마뱀에 뒤떨어지는 큰화식조지만, 자동차 정도로 빠르게 달릴 수 있는 재빠른 움직임과 더불어 방패 든 사람을 발차기로 날려 버릴 정도로 강력한 다리 힘을 지니고 있어요. 피골로 덮인 견고한 몸을 자랑하는 코모도왕도마뱀도 큰화식조의 발차기를 맞으면 그냥 넘어가진 못해요. 때에 따라서는 바로 목숨을 잃을 가능성도 있어요. 하지만 그래도 유리한 건 코모도왕도마뱀이에요. 코모도왕도마뱀은 커다란 물소를 죽음에 이르게 할 만한 독을 지녔어요. 큰화식조의 발차기를 정면으로 맞으면 코모도왕도마뱀도 어쩔 수 없이 도망치겠죠. 하지만 싸움 중에 코모도왕도마뱀이 큰화식조의 몸 일부를 한 입이라도 물었다면……. 승리의 나팔을 불던 큰화식조도 머지않아 조용히 옆으로 쓰러져, 남은 시간 동안 죽음을 기다릴 수밖에 없겠죠…….

때린다! 할퀸다! 괴력

숲의 위험생물

고미야 원장의 체크 포인트

숲에 사는 호랑이나 곰 등의 대형 포유류는 커다란 몸과 강력한 힘을 활용해 먹잇감을 사냥해요. 불곰이나 아시아흑곰 등 일본에도 서식하는 위험생물에는 주의가 필요해요.

1979년 일본 지바현의 절에서 사육하던 호랑이가 탈출해 사살되는 사건이 있었어요.

참파왓의 식인 호랑이

1907년, 인도의 참파왓이라는 마을에서 암컷 호랑이 한 마리가 사살되었어요. 그 호랑이는 네팔과 인도에서 400명 이상을 잡아먹은 식인 호랑이였어요. 원래 네팔에서 생활하던 이 호랑이는 수많은 사람을 공격했어요. 피해가 너무 커 쫓아내기 위해 군대가 동원될 정도였죠. 참파왓에서 쫓겨난 이후에도 많은 사람을 공격했고, 기록에 남은 것만 436명의 사람을 잡아먹었다고 해요. 호랑이의 사체를 조사한 결과, 오른쪽 위아래 엄니가 부러져 있는 것이 발견되었어요. 엄니가 부러져서 본래 먹잇감인 물소나 사슴 등을 사냥할 수 없게 되어 잡기 편리한 인간을 공격하게 된 것으로 추정돼요.

Q 호랑이는 헤엄이 특기인가요?

A 호랑이는 커다란 고양이과 동물 중에서는 특이하게 물가를 좋아하고, 더운 날에는 강이나 연못에서 물장구를 치며 더운 몸을 식혀요. 또 헤엄이 특기라 8km 이상이나 헤엄칠 수 있죠. 때로는 헤엄치며 먹잇감을 사냥하기도 해요.

호랑이

고양이과 중에서 가장 몸이 커요. 10m에 가까운 거리를 뛸 수 있는 점프력이 있고, 몸무게 700kg인 물소를 쓰러트릴 정도로 강력한 힘이 있어요.

- 고양이과 ● 2.0~3.7m, 91~423kg
- 동남아시아~인도, 시베리아 동부 ● 엄니, 턱, 발톱

재규어

턱이 발달해 거대한 악어도 물어 죽일 수 있는 힘이 있어요. 수영을 잘하며 강에 들어가서 악어나 거북이, 물고기 등을 사냥할 수 있어요.

- 고양이과 ● 1.5~1.8m, 68~136kg
- 북아메리카 남부~남아메리카 북부
- 엄니, 턱

숲의 위험생물

힘의 상징! 재규어 전사

14세기부터 멕시코 중앙부에서 번영한 아즈텍문명에서는 재규어를 강력한 힘을 지닌 신성한 동물로 여겨, '재규어 전사'라고 부르는 엘리트 군대가 있었어요.

재규어는 나무 타기도 특기예요. 육지에서 사냥할 때는 나무에 올라가 먹잇감을 기다렸다 습격하죠.

● 분류 ● 몸 크기 ● 주된 서식지 ● 위험한 부분

Q 어째서 거리에 위험생물이 나타나나요?

A 이유 중 하나는 인간과 위험생물이 사는 지역이 가까워졌기 때문이에요. 예를 들면 인도네시아 수마트라섬에서는 아시아코끼리가 인간의 마을을 습격하는 사건이 발생하고 있어요. 인간은 원래 아시아코끼리가 살던 숲을 잘라 내고 마을이나 밭을 만들었어요. 그 때문에 거처를 빼앗긴 아시아코끼리가 먹이를 찾아 마을을 습격하는 사고가 늘어나고 있는 거예요.

아시아코끼리

암컷을 중심으로 무리를 지어 생활해요. 얌전한 성격이지만 혼자 생활하는 수컷은 성질이 난폭해져서 위험해요. 흥분해서 차를 부수기도 해요.

- 코끼리과 ● 5.5~6.4m, 3~5t ● 인도, 동남아시아, 스리랑카
- 거대한 몸, 코, 다리

> 일본의 에도 막부에서는 아시아코끼리를 들여와 사육했던 적이 있다고 해요.

적을 차 버리는 고대 전차

고대 인도나 동남아시아 등지에서는 돌격하여 적을 밟아 부수거나 방어를 뚫기 위해 '전투 코끼리'로 아시아코끼리를 이용했어요.

인도코뿔소

갑옷처럼 두꺼운 피부가 몸을 덮고 있어요. 얌전한 성격이지만 몸에 위험을 감지하거나 새끼를 지킬 때는 적을 향해 돌진해요.

- 코뿔소과 ● 3.1~3.8m, 1.6~2.2t
- 인도, 네팔 ● 돌진, 뿔, 두꺼운 피부

숲의 위험생물

Q 고릴라는 상냥한가요?

A 오랜 기간 고릴라는 사람을 공격하는 위험한 동물로 여겨져 왔어요. 하지만 현재는 원래 아주 얌전한 동물이라는 것이 알려져 있어요. 동물원에서 아이가 고릴라가 있는 장소에 떨어져 의식을 잃었을 때, 사육사가 도와주러 올 때까지 아이를 지키는 고릴라의 모습이 기록되었을 정도로 따뜻하고 상냥한 동물이에요.

▶적이 영역에 침입하면 나뭇가지를 꺾거나 가슴을 격하게 두들기는 '드러밍(drumming)'으로 불쾌감을 드러내요.

동부고릴라
몸이 크고 완력이 세요. 가족을 지킬 때는 적에 대해 가까운 가지를 부러뜨리거나 가슴을 치거나 해서 쫓아내요. ●성성이과
●1.5~1.9m, 70~200kg ●아프리카 중부 ●완력, 엄니

고릴라의 위험 포인트! 고릴라의 악력은 상당해요. 사육하고 있는 고릴라가 견고한 철책을 엄지와 검지로 가볍게 구부리기도 했어요. 기계로 계측해 보니 470kg에 달하는 악력이었다고 해요.

새끼를 지키기 위해 호랑이에게 맞서 물리치기도 해요.

느림보곰
얌전한 이름이지만 공격적이고 아주 위험한 곰이에요. 특히 인도에서는 많은 사고가 일어나 매년 20~30명이 사망하고 있어요.
●곰과 ●1.5~1.9m, 55~140kg
●남아시아 ●엄니, 발톱

●분류 ●몸 크기 ●주된 서식지 ●위험한 부분

작은 곰이어도 주의!

아시아흑곰은 먹잇감 삼아 인간을 공격하는 일은 매우 드물어요. 하지만 우연히 마주쳤을 때는 몸을 보호하기 위해 공격하기도 하며 인간이 목숨을 잃는 일도 있어요. 그러니 아시아흑곰이 서식하는 곳에 갈 때는 곰을 쫓아내는 종이나 라디오로 이쪽이 있다는 것을 알려 도망치게 하도록 해요.

▲아시아흑곰 출몰 지역에 설치된 곰을 쫓는 종.

불곰의 위험 포인트!

눈이 쌓여 발자국이 남을 때 불곰은 '정지 발자국'을 사용하기도 해요. '정지 발자국'은 한번 걸어간 장소를 같은 발자국으로 돌아와 옆으로 새는 기술이에요. 이렇게 하면 발자국이 도중에 끊어진 것처럼 보여 어디로 갔는지 알 수 없게 돼요. 불곰이 정지 발자국을 사용할 때는 인간을 경계해 도망칠 때예요. 하지만 성질이 난폭한 불곰은 정지 발자국으로 인간의 주의를 끌고 습격하기도 해요.

위험생물 칼럼 — 공포의 식인 곰 산케베츠 불곰 사건

1915년 12월, 홋카이도 산케베츠라고 불리는 지역에서 불곰에 의한 사망 사고가 일어났어요. 사건을 일으킨 건 몸길이 2.7m, 몸무게 340kg의 거대한 불곰으로, 이틀에 걸쳐 민가를 습격하여 7명의 목숨을 빼앗았어요. 이 불곰은 공격적인 데다 경계심이 강해 잘 잡히지 않았고, 경찰 외에 군대도 동원됐어요. 민가에 나타난 6일째 아침, 지역 포수에 의해 겨우 사살되었어요.

아시아흑곰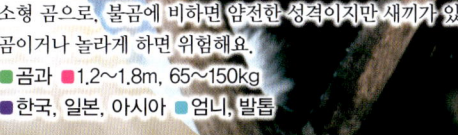

소형 곰으로, 불곰에 비하면 얌전한 성격이지만 새끼가 있는 곰이거나 놀라게 하면 위험해요.
- 곰과 ■1.2~1.8m, 65~150kg
- 한국, 일본, 아시아 ● 엄니, 발톱

불곰

큰곰이라고도 불려요. 북극곰에 버금가는 거대한 육식 동물로, 매년 각지에서 사망 사고가 일어나고 있어요. 몸의 위협을 감지하면 예리한 발톱이 난 앞발로 공격해요.
- 곰과 ■1.7~2.8m, 80~600kg
- 일본, 유라시아, 북아메리카
- 발톱, 엄니

▲예리한 발톱이 난 앞발. 사람 손보다 훨씬 크고 매우 위험해요.

유독 생물

맹독에 주의!

숲의 위험생물

⚠ 고미야 원장의 체크 포인트

숲에는 독으로 먹잇감을 잡는 생물이 잔뜩 서식하고 있어요. 개미나 벌 등의 곤충이나 뱀, 지네 등에는 특히 주의하세요. 몸을 지키기 위해 독을 사용하는 생물도 많고, 사람의 목숨을 빼앗을 정도의 맹독을 지닌 개체도 있어요.

개미의 위험 포인트!

개미산이 묻은 피부를 그대로 두면 껍질이 벗어지기도 해요. 눈에 들어가면 아주 위험해요. 맨손으로 만지거나 얼굴에 가까이 대면 안 돼요.

홍개미

숲에 서식하는 개미로 커다란 군체를 이뤄 생활해요. 거대한 둥지에는 100마리의 여왕이 서식하고 있으며, 10만~40만 마리의 병정개미가 존재해요. ●개미과 ●4.5~9.0mm ●한국, 유럽 ●개미산

●분류 ●몸 크기 ●주된 서식지 ●위험한 부분

장수말벌의 위험 포인트! 장수말벌 등의 벌 독은 다양한 성분이 포함돼 있어요. 그 안의 성분 중에는 두통이나 두드러기 등의 알레르기 반응을 일으키는 것도 있어요. 가장 무서운 알레르기 반응은 '아나필락시스'예요. 현기증이나 호흡 곤란을 일으켜 사망에 이르기도 하며, 장수말벌에게 쏘여 사망하는 사고 대부분은 아나필락시스가 원인이에요.

Q 개미는 몸에서 독액을 내뿜는 건가요?

A 불개미류 등의 일부 개미는 '개미산'이라고 불리는 독액을 지니고 있어요. 이 개미산은 아주 강력해서 피부에 닿으면 피부가 벗겨져요. 홍개미는 적을 마주하면 무리가 일제히 배에서 개미산을 뿜어내요. 개미뿐만 아니라 예리한 가시를 지닌 쐐기풀이라는 식물도 같은 독액을 지니고 있어요.

엉덩이의 독침으로 쏜다!

장수말벌
한국에서 가장 큰 벌이에요. 무심코 둥지에 다가간 인간이 공격당하는 사고가 매년 일어나고 있어요. 많이 쏘이면 목숨을 잃을 수 있어요.
●말벌과 ●27~44mm
●한국, 일본 ●독침

목재방울뱀 🧪🧪🧪

숲에 서식하는 방울뱀이며 아메리카에서 두려워하는 독뱀의 일종이에요. 강한 출혈독을 지녀 물리면 심한 고통이 일고 상처 부위가 썩어요.

- 🟢 살무사과
- 🔴 1.0~1.9m
- 🟣 북아메리카 중부·동부
- 🔵 독니(출혈독)

숲의 위험생물

킹코브라 🧪🧪🧪

세계에서 가장 큰 독뱀이에요. 최강의 독을 지닌 건 아니지만 양이 많아 코끼리도 쓰러트릴 수 있다고 해요. 뱀이나 도마뱀 등의 파충류를 잡아먹어요.

- 🟢 코브라과
- 🔴 4.5~5.9m
- 🟣 동남아시아~남아시아
- 🔵 독니(신경독)

Q 뱀의 독액은 액체인가요?

A 독은 '독샘'이라고 불리는 부위에서 만들어져요. 독샘은 위턱의 엄니와 이어져 있어서 물었을 때 엄니에서 독액이 나와요. 사실 뱀의 독액은 타액이 변화한 물질이에요. 독샘도 원래는 입안에 타액을 분비하는 '타액선'이 변화한 기관이에요.

독샘

◀반시뱀에 속하는 뱀.

🟢 분류 🔴 몸 크기 🟣 주된 서식지 🔵 위험한 부분

Q 포유류는 어디에 독을 지니고 있나요?

A 거미나 전갈처럼 정해진 부위에 독을 지닌 것은 아니에요. 자바늘보로리스는 앞발의 림프샘에서 나오는 액체와 타액을 입안에서 섞어 독을 만들어요. 한편으로 솔레노돈이나 땃쥐는 독을 머금은 타액을 앞니에서 흘려 넣을 수 있어요.

각 개체가 갖는 독의 성분도 달라요.

자바늘보로리스
동남아시아의 숲에 서식하며, 지상에서 생활하는 원숭이의 친척이에요. 독은 몸에 발라 진드기 등의 기생충이 붙는 걸 막고, 깨물어서 적으로부터 몸을 보호하는 데에도 활용해요.
- 로리스과　●21cm
- 인도네시아　●입안의 독

아이티솔레노돈
쥐 등의 먹잇감을 약화하는 독이 타액에 포함되어 있어. 물었을 때 특수한 독이 이빨에서 나와 독액이 몸 안으로 주입돼요. 희귀한 동물로 멸종이 우려되고 있어요.
- 솔레노돈과　●28~33cm
- 히스파니올라섬(카리브해)　●타액

북부짧은꼬리땃쥐
타액에 독이 포함돼 있어 먹잇감인 달팽이나 곤충을 물어 약하게 하는 데 써요. 한 마리의 독으로 쥐 200마리를 죽이기에 충분한 강력함이라고 해요.
- 땃쥐과　●7.5~11.0cm
- 북아메리카 중부~동부　●타액

아마존왕지네
세계에서 가장 큰 지네로 30cm를 넘기도 한다고 해요. 독이 있고 물리면 심한 고통이 일어요. 동굴에서 박쥐를 사냥하는 습성으로 알려져 있어요.

- 왕지네과
- 20~30cm
- 남아메리카
- 독

몸을 건드리면 죽은 척을 하고 다리의 마디에서 노란색 액체를 내뿜어요.

둥글목남가뢰
봄에 관찰되는 곤충이에요. 체액에 칸타리딘이라는 성분이 포함되어 있어서 사람의 피부에 닿으면 붉게 부풀어 오르거나 물집이 생긴다고 해요.
- 가뢰과 ■ 9~27mm
- 한국, 일본 ■ 체액

황가뢰
여름에 꽃에 모여들어요. 체액에 칸타리딘이 포함되어 있어 사람의 피부에 닿으면 붓고 물집이 부풀어 올라요. 찌부러뜨리지 않도록 조심해야 해요.
- 가뢰과 ■ 9~22mm
- 한국, 일본 ■ 체액

아프리카자이언트밀리패드
몸길이 30cm에 달하는 세계 최대의 노래기예요. 다리의 수가 300개에 달해요. 몸을 자극하면 역한 액체를 내뿜어 자신을 보호해요.
- 나사노래기과 ■ 20~30cm
- 아프리카 서부 ■ 체액

붉은머리왕지네
한국에서 가장 큰 지네로, 왕지네라고도 해요. 곤충을 먹이로 삼아요. 인가에 숨어들기도 해서 자다가 물리는 일이 있어요. 독이 있어서 물리면 심히 고통스러워요.
- 왕지네과 ■ 80~150mm
- 한국, 일본 ■ 독

67

◀ 플란넬나방의 성충.

플란넬나방 🧪

유충은 긴 털로 몸을 보호해요. 몸에는 독이 나오는 짧은 털(독침 털)이 있고, 찔리면 심한 고통이 일어요. 두통이나 발열, 구토 등의 증상이 나타나기도 해요.
- 메갈로피게과 ● 40mm ● 북아메리카 남부 ● 독침 털

남미산누에나방 🧪🧪🧪

독을 지닌 모충(毛蟲) 중에서 가장 강한 독을 지녔다고 해요. 피가 멈추지 않는 출혈독으로, 찔리면 바로 치료해야 목숨을 부지할 수 있어요.
- 산누에나방과 ● 50mm(종령 유충)
- 브라질, 아르헨티나, 우루과이, 파라과이 ● 독침 털

새들백캐터필러 🧪

북아메리카에 서식하는 노랑쐐기나방의 친척이에요. 유충의 몸에 독침 털이 있고, 찔리면 심한 고통과 더불어 때로는 호흡 곤란을 일으키기도 해요.
- 쐐기나방과 ● 25mm ● 북아메리카 동부 ● 독침 털

독을 지닌 나방 유충

노랑쐐기나방
매실나무, 감나무 등에 서식하는 나방이에요. 유충의 독 가시에 찔리면 전기에 감전된 것 같은 고통이 일며 일본의 모충 중에서도 가장 아프다고 해요.
■쐐기나방과 ■25mm
■한국, 일본
■독 가시

청띠쐐기풀벌레
벚꽃이나 단풍 등 다양한 식물에 서식하는 노랑쐐기나방의 친척이에요. 중국에서 유입된 외래 생물이며, 찔리면 심한 고통이 일어요.
■쐐기나방과 ■25mm
■일본
■독 가시

대나무쐐기알락나방
유충은 주로 대나무나 조릿대의 잎을 먹어요. 도시의 정원이나 화분 등에서도 흔히 발견돼요. 털에 닿으면 심히 고통스럽고 붉게 부풀어 올라요.
■알락나방과 ■18mm
■한국, 일본
■독침 털, 독 가시

솔나방
솔나무 잎을 먹는 유충이에요. 등의 일부에 검은 독침 털이 있고 찔리면 가벼운 통증이 일어요. 얼마 후에는 붉게 부풀고, 일주일 정도 가려움이 이어져요.
■솔나방과 ■70mm(종령 유충)
■한국, 일본 ■독침 털

무늬독나방
고원 등의 사방오리나 조롱나무, 진달래류 등에서 관찰돼요. 알, 유충, 성충 모두 독침 털을 지녔고, 닿으면 피부에 염증이 생겨 부풀어 올라요. ■독나방과
■30mm ■한국, 일본 ■독침 털

차독나방
매년 수많은 사람이 피해받는, 가장 친숙한 모충이에요. 동백나무 등에 년마다 2회 발생해요. 성충도 독침 털이 있고, 날아다니면서 흩뿌려요.
■독나방과 ■25mm ■한국, 일본
■독침 털

전 세계의 화려한 나방과 나비 유충

전 세계에는 15만 종을 넘는 나방과 나비가 서식하고 있어요. 성충은 물론 유충도 제각각 다양한 모습이에요. 위에서 소개한 예리한 가시를 지닌 개체 이외에도 독특한 색으로 몸을 덮은 유충이 서식하고 있어요. 아직 생태를 알 수 없는 종도 있지만, 우리 주변에서는 좀처럼 볼 수 없는 화려한 나방과 나비 유충을 소개할게요.

▲ 이오나방(Io moth)이라고 불리는 나방류의 유충이에요. 수많은 독 가시로 덮여 있어요.

▲ 이오나방의 친척 종이에요. 왼쪽에 있는 종과는 달리 앞뒤의 독 가시가 길게 나 있어요.

▲ 노랑쐐기나방류의 유충이에요. 몸 양쪽에 혹 같은 가시가 나 있고 위협을 감지하면 가시가 곤두서요.

▲ 헤라클레스모르포나비의 유충이에요. 유충일 때 무리 지어 생활해요.

▲ 왕나비류의 유충이에요. 흰색과 검은색이 특징이에요.

대량 발생으로 나무를 죽인다! 삼림 파괴

⚠️ 고미야 원장의 체크 포인트

숲에 서식하는 식물을 먹는 곤충 중에는 나뭇잎뿐만 아니라 줄기까지 먹는 곤충이 있어요. 이런 곤충들이 대량 발생하면 나무가 죽고, 이윽고 숲 전체가 파괴되기 때문에 '삼림 해충'이라고 불리기도 해요.

Q. 왜 숲이 붉게 물들었나요?

A. 남방소나무좀이 먹었기 때문이에요. 남방소나무좀은 수목을 먹으며 서식하는 나무좀이라는 곤충의 일종으로서 소나무의 줄기에 알을 낳아요. 알에서 부화한 수많은 유충이 줄기 내부를 파먹어서 녹색이었던 소나무 잎이 붉어지고, 이윽고 말라 숲이 죽게 돼요.

▲남방소나무좀에게 먹힌 소나무 줄기에는 유충이 지나다닌 길이 남아 있어요.

남방소나무좀

북아메리카에서 소나무를 먹는 해충이에요. 6~12년 주기로 대량 발생하고, 유충이 나무껍질 밑을 파먹어 나무를 말라 죽게 만들어요.
- 나무좀과 • 2~4mm
- 북아메리카 남동부 • 먹어 치우기

매미나방 🧪

유충일 때 다양한 식물을 먹는 나방이에요. 10년 주기로 대량 발생해 나무를 통째로 먹어치워요.

- 🟢 독나방과 🔴 60mm(유충)
- 🟣 한국, 일본, 아시아, 유럽, 북아메리카 🔵 독침 털, 먹어 치우기

보통은 혼자 생활하지만, 대량 발생하면 집단으로 생활해요.

매미나방이 대량 발생해 먹어 치운 나무. 하얀 부분은 유충이 뿜은 실이에요.

다가오는 공포! 흡혈 생물

 고미야 원장의 체크 포인트

모기나 침노린재 등 다른 생물의 혈액을 빨고 영양분을 얻는 흡혈 생물은 주의해야 해요. 종에 따라서는 인간의 목숨을 빼앗는 위험한 병원균을 퍼트리므로 전 세계적인 경계 대상이에요.

숲의 위험생물

모기가 세계 제일 위험?

모기는 매년 70만 명 이상의 목숨을 빼앗는, 세계에서 가장 위험한 생물로 알려져 있어요. 위험한 바이러스를 매개하여 인간의 혈액을 감염시킴으로써 심각한 병을 일으켜요. 전 세계 최대 감염증 중 하나로 알려진 '말라리아'도 대다수가 모기에 의한 감염이 원인이에요.

감비아학질모기

말라리아 원충을 옮기는 것으로 유명한 모기예요. 말라리아 원충을 가진 모기가 피를 빨면 혈액 속에 원충이 들어가 감염돼요.
- 모기과 ■ 3mm
- 아프리카 중부 ■ 흡혈

위험생물 칼럼 — 모기가 옮기는 주된 감염증

말라리아
주로 아프리카, 아시아, 남아메리카 적도의 근처 국가에 유행하고 있어요.
환자 수 : 약 2억 1,400만 명

뎅기열
뎅기 바이러스에 의해 감염돼요. 뎅기열이 목숨을 빼앗는 일은 드물지만, 중증형이라고 불리는 뎅기열에 의해 대량 출혈 등이 일어나 사망하는 일이 있어요.

환자 수 : 9,600만 명

지카열
지카 바이러스에 의해 감염돼요. 목숨이 위협받는 일은 드물지만, 임신한 여성이 감염되면 아이도 감염되어 병에 걸리거나 목숨을 잃는다고 여겨져요.

환자 수 : 150만 명 이상

● 분류 ● 몸 크기 ● 주된 서식지 ● 위험한 부분

체체파리

체체파리속의 총칭으로 20종 정도 있어요. 동물의 혈액을 먹이로 삼아요. 피를 빨리면 트리파노소마라는 기생충이 몸 안으로 유입되어 아프리카 수면병 등의 병의 원인이 돼요.

●체체파리과 ●6~14mm ●아프리카 ●흡혈

위험한 병 '아프리카 수면병'

발병하면 발열과 두통 등이 일고, 이윽고 몽롱하여 잠에 빠지는 상태가 돼요. 치료하지 않으면 사망에 이르러요. 매년 새로운 환자 발생의 수는 감소하여, 2018년 보고된 환자는 1,000명 이하가 되었어요.

베네수엘라침노린재

침같이 생긴 입을 동물의 몸에 꽂고, 소화액으로 살을 녹여 섭취해요. 체내에 샤가스병의 원인이 되는 트리파노소마 원충이 있어 피를 빨렸을 때 감염되기도 해요.

●침노린재과 ●20~30mm ●중남미 ●흡혈

위험생물 칼럼 침묵의 샤가스병

샤가스병

기생충이 심장이나 소화 기관의 근육에 기생하여, 치료하지 않으면 장애가 나타나 돌연사할 위험이 있어요. 감염되어도 증상이 보이지 않는 경우가 있어 '침묵의 병'이라고도 불려요.

환자 수 : 약 600만 명에서 700만 명

위험생물이 혹시 대결한다면③
불곰 vs. 울버린

불곰과 울버린은 북반구의 숲에 살고 있어요. 서식하는 장소가 겹치기 때문에 실제로 마주치기도 한다고 해요. 강력한 힘과 속도를 겸비한 불곰과 동물 중에서도 가장 용맹하다고 소문난 울버린이 만나면 어떻게 될까요?

⚠️ 이 페이지는 야생에서는 좀처럼 관찰되지 않는 위험생물끼리의 대결을 시뮬레이션한 페이지예요. 대결 결과는 생각할 수 있는 예시 중 하나이며, 항상 똑같은 결과를 보장하는 건 아니에요.

불곰 vs. 울버린 승패 포인트

크기: 불곰 3m / 울버린 1m
무게: 불곰 600kg / 울버린 30kg

불곰

몸집이 크고 튼튼한 체격을 지녔어요. 혼자서 생활해요. 숲에는 천적이 거의 없어요. 알래스카 일부에 서식하는 알래스카불곰은 두 발로 서면 높이 3m, 몸무게 600kg이 넘어가기도 해요. 연어나 말코손바닥사슴 등의 다른 동물을 먹거나 늑대가 잡은 먹이를 가로채는 일도 있지만, 먹이 대부분은 나무 열매나 풀 등의 식물이에요.

힘과 스피드 앞발에서 나오는 펀치는 거대한 말코손바닥사슴을 한 방에 쓰러트릴 수 있을 정도로 위협적이에요. 커다란 몸인데도 시속 50km로 달릴 수 있는 속도를 갖췄어요. 도망치는 먹잇감을 재빠르게 쫓아가, 펀치로 쓰러뜨려 마무리해요.

울버린

족제비류 중에서 가장 큰 종이에요. 혼자서 넓은 영역을 지녀요. 먹이는 곰과 비슷하여 과일, 나무 열매를 먹거나 작은 동물을 잡아먹어요. 먹이가 적어지는 겨울에는 말코손바닥사슴 등의 대형 포유류도 먹이로 삼아요. 큰 먹잇감을 사냥할 때는 바위 터나 나무 위에서 잠복해 있다가 단숨에 뛰어들어 물어뜯어요.

사나운 성격 흉포하고 무서움을 모르는 울버린은 '악마의 곰'이라고 불리기도 해요. 불곰이나 늑대의 먹이를 빼앗거나, 자기 몸무게의 20배에 달하는 말코손바닥사슴을 쓰러뜨리는 일도 있어요. 체격에 비하면 턱 힘이 세서 먹잇감의 뼈를 부술 수 있을 정도예요.

위험생물들이 만약 싸운다면……?

총평: 울버린의 공격에 불곰이 도망?

불곰의 최대 아종인 알래스카불곰의 몸길이는 약 3m, 몸무게는 680kg이에요. 불곰의 앞발 일격을 맞으면 울버린은 멀쩡할 수 없어요. 하지만 기습 공격과 작은 몸을 활용하면 울버린이 불곰을 쫓아낼 수 있을지도 몰라요. 예를 들어, 울버린이 근처 나무 위나 바위 터에서 불곰을 기다렸다가 목 뒤에 뛰어드는 기습 공격을 감행해요. 불곰의 앞발은 머리까지 올라가지 않기 때문에 울버린을 떨쳐 내는 건 불가능할 거예요. 불곰은 수많은 털과 두꺼운 피부, 지방으로 덮여 있어 간단히 상처를 입지 않지만, 야생 동물은 헛된 싸움을 하지 않아요. 불곰은 목숨이 걸린 일이 아니라면 상처 입을 때까지 싸우지 않고, 울버린의 집요한 공격을 피해 도망치기도 하겠지요.

위험생물 카탈로그 — 벌 무리

대량 습격! 공포의 집단 공격!

소방사를 공격하는 아프리카화꿀벌. 아메리카에서는 남성 1,000명가량이 쏘여 사망한 사고가 일어났어요.

아프리카화꿀벌 ☠☠☠
아프리카꿀벌과 양봉꿀벌을 교배한 잡종이에요. '킬러비'라고도 불리며 공격성이 크고 사망 사례도 있어요.
- 꿀벌과
- 10~20mm
- 브라질, 오스트레일리아, 아메리카
- 독침

벌의 특징 — 위험한 독

벌은 대부분 독침을 지니고 있어요. 독침은 산란관이 변화한 것으로 암컷에게만 있지요. 독은 그리 강하지 않지만, 드물게 아나필락시스를 일으켜 목숨을 위협하므로 주의해야 해요.

◀ 꿀벌의 침은 한번 쏘이면 몸에 남아요.

양봉꿀벌 🧪🧪

꿀을 얻기 위해 전 세계에서 사육되고 있어요. 성질이 온순하고, 벌집을 자극하지 않으면 쏘지 않아요.
- 🟢꿀벌과 🔴13~20mm 🟣전 세계 🔵독침

어리뒤영벌 🧪

앵초나 물봉선의 꽃에 자주 찾아와요. 암컷에게는 독침이 있지만, 아주 온순해 잡지 않는 한 쏘지 않아요.
- 🟢꿀벌과 🔴19mm
- 🟣한국, 일본 🔵독침

꿀벌의 위험 포인트!

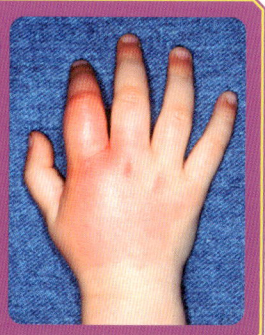

말벌류나 쌍살벌에 비하면 얌전하지만, 자기 몸을 지키기 위해 공격하기도 해요. 체구는 작지만 쏘이면 사진처럼 부풀어서 통증을 유발해요.

좀뒤영벌 🧪

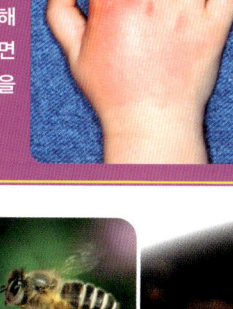

도시에서도 자주 관찰되는 뒤영벌이에요. 뒤영벌은 성격이 아주 얌전해 둥지에 가까이 가는 정도로는 쏘지 않아요.
- 🟢꿀벌과 🔴10~16mm(일벌)
- 🟣한국, 일본 🔵독침

▲ 꿀을 모으는 일본꿀벌.

일본꿀벌 🧪🧪

꿀을 얻기 위해 사육하지만, 야외와 야생에도 집단으로 서식하고 있어요. 아주 얌전해 자극하지 않으면 쏘지 않아요. 꿀벌은 한번 쏘면 침이 빠져서 죽어요.
- 🟢꿀벌과 🔴12~13mm(일벌)
- 🟣일본 🔵독침

꿀벌의 둥지는 말벌에게 공격당하기도 해요. 일본꿀벌은 침입해 온 말벌을 집단으로 둘러싸고, 몸을 진동시켜 체온을 올리고, 열을 이용해 죽여요. 말벌보다 높은 온도를 견딜 수 있는 일본꿀벌이 고안한 필살기예요.

좀말벌
나무가 많은 뜰이나 인가의 처마 밑 등에 둥지를 지어요. 얌전한 종이지만 둥지를 부수거나 자극하면 공격해요. 수액에도 잘 모여들어요.
- 말벌과 ■21~29mm
- 한국, 일본 ■독침

말벌
다른 말벌류와는 달리 어두워져도 날아다닐 수 있어요. 공격성이 아주 높아서 둥지 근처를 지나가기만 해도 쏘일 수 있어요.
- 말벌과 ■19~28mm
- 한국, 일본 ■독침

꼬마장수말벌
이름에 꼬마라는 말이 있듯이 장수말벌 다음으로 큰 말벌이에요. 주로 쌍살벌을 먹이로 삼아요. 얌전한 종이지만 자극하면 공격해요.
- 말벌과 ■25~35mm
- 한국, 일본 ■독침

땅벌
땅에 둥지를 만드는 소형 말벌이에요. 주스 같은 것을 마시고 있으면 모여들기도 해서, 쫓아내려다 쏘이는 사고가 일어나고 있어요.
- 말벌과 ■10~15mm
- 한국, 일본 ■독침

위험생물 칼럼 — 요주의! 침입해 오는 말벌
등검은말벌은 원래 중국 등에 서식하는 벌이지만 점점 한국과 일본에서도 발견되기 시작했어요. 꿀벌 등의 곤충을 먹이로 삼기 때문에 생태계 파괴가 우려돼요. 현재는 전 지역에 퍼져 있는 것으로 생각되어 경계 대상이에요.

말벌의 위험 포인트!
공격적인 벌로, 몇 번이고 쏠 수 있는 독침이 있어요. 매년 말벌에 의한 사망 사고가 일어나고 있으며 원인 대부분은 독에 의한 알레르기 증상이에요.

등검은말벌
중국이나 동남아시아가 원산지인 말벌이며 꿀벌을 즐겨 먹어요. 유럽, 일본, 한국에 침입해 꿀을 만드는 꿀벌을 공격하는 것이 문제가 되었어요.
- 말벌과 ■20~30mm
- 한국, 중국 남부, 동남아시아, 인도 북부 ■독침

화려한 색으로 경고

말벌류의 몸은 대부분 검은색과 노란색의 줄무늬 모양이에요. 이는 '경고색'이라고 불리는 색 배합이에요. 자신은 독이나 침을 지닌 위험생물이니 먹지 말라는 경고이며, 몸을 지켜 주고 있는 것으로 생각돼요. 실은 사람도 경고색을 사용하고 있답니다. 눈에 아주 잘 띄는 색이어서 횡단보도 등 위험이 많은 곳에서는 주의를 환기하기 위해 경고색을 쓰고 있어요.

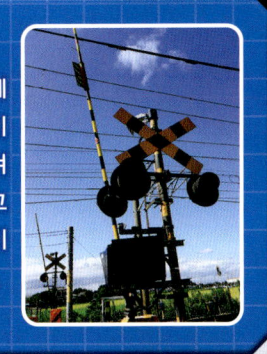

털보말벌

도시에서 가장 평범하게 관찰되는 말벌이에요. 인가에 자주 둥지를 짓고 가까이 다가오면 공격해서 피해가 많이 발생하고 있어요.
- 말벌과 ■17~26mm ■한국, 일본 ■독침

중땅벌

유라시아에 넓게 서식하는 말벌로 일본의 경우 혼슈, 홋카이도에서 관찰돼요. 정원의 수목이나 인가 처마 밑에 둥지를 틀고 생활해요.
- 말벌과 ■14~22mm ■일본, 유라시아 ■독침

검정말벌

털보말벌이나 말벌의 둥지에 침입하여, 여왕을 죽이고 둥지를 빼앗는 특이한 습성을 지녔어요. 공격성이 아주 높은 것으로 알려져 있어요.
- 말벌과 ■17~29mm
- ■한국, 일본 ■독침

말벌의 둥지 모양

말벌의 둥지는 종에 따라 어느 정도 정해진 장소에 지어요. 장수말벌과 땅벌은 나무 구멍이나 땅에 지어요. 털보말벌, 중땅벌 등은 나무 위나 인가에 지어요. 둥지를 발견하더라도 함부로 가까이 다가가면 안 돼요.

 장수말벌
 땅벌
 털보말벌
 중땅벌

바퀴벌레를 조종하는 공포의 벌

열대 지방에 서식하는 에메랄드는쟁이벌은 무려 독을 주입해 바퀴벌레를 꼭두각시로 만들고 유충의 먹이로 삼아요. 먹이인 바퀴벌레는 독을 주입당하면 도망치지 못하게 되고, 에메랄드는쟁이벌이 마음대로 할 수 있게 돼요. 에메랄드는쟁이벌은 뜻대로 할 수 있게 된 바퀴벌레를 둥지까지 끌고 가 알을 낳아요. 알에서 유충이 부화하면 성충이 될 때까지 바퀴벌레를 먹으며 성장해요.

▲바퀴벌레의 체내에서 나오는 에메랄드는쟁이벌 유충.

◀바퀴벌레를 공격하는 에메랄드는쟁이벌. 바퀴벌레를 조종하는 독은 2번 주입해요.

왕무늬대모벌
닷거미류를 사냥해요. 잡은 거미를 독침으로 찔러 마취시켜요. 얌전한 성격이라 잡지만 않으면 쏘지 않아요.
- 대모벌과 ● 12~25mm
- 한국, 일본 ● 독침

타란툴라사냥벌
타란툴라호크라고도 하며 전 세계에서 가장 큰 벌로 유명해요. 거대한 타란툴라에게 독침을 찔러 마취시킨 후 알을 낳아요.
- 대모벌과 ● 60mm
- 북아메리카 남부~남아메리카
- 독침

대모벌의 위험 포인트!
거미를 공격해 유충의 먹이로 삼는 벌이에요. 몸이 크고 찔리면 격통이 일어요. 말벌이나 쌍살벌에 비하면 얌전해요.

위험생물 카탈로그 — 개미 무리

개미의 특징 | 예리한 턱

개미의 주 무기는 툭 튀어나온 예리한 턱이에요. 사람의 피부를 꿰뚫을 수도 있어요. 독침을 지닌 종도 있고, 종에 따라서는 물리면 매우 고통스럽기 때문에 주의가 필요해요. 개미는 사람보다 자연에 사는 생물들에게 영향을 크게 주는 일이 많아서 외래종이 생태계를 파괴하기도 해요.

군대개미

수천만 마리의 군대로 숲을 이동하고, 마주치는 생물을 잡아먹고 사는 개미의 총칭이에요. 턱이 강력해 사람의 피부도 손쉽게 뚫을 수 있어요.
- 개미과 ● 3~15mm
- 아프리카 중부 ● 큰 턱

● 분류 ● 몸 크기 ● 주된 서식지 ● 위험한 부분

▲개미 무덤을 만들고 그 안에 서식해요.

둥지를 공격하는 노예사냥

분개미와 사무라이개미는 다른 개미의 집을 공격해 유충이나 번데기를 빼앗고, 자신들을 위해 일하게 해요. 이를 '노예사냥'이라고 불러요. 끌려간 유충이나 번데기는 성충이 되면 먹이를 구하거나 둥지를 청소하는 등, 자신을 끌고 온 개미둥지에서 노예 개미로 일하게 돼요.

▲분개미가 불개미아과의 개미를 노예로 삼기 위해 운반하고 있어요.

불개미
숲속에 지름 1m 정도인 개미 무덤을 만들고 서식해요. 무덤이 부서지면 수많은 일개미가 나와 몸을 구부리고 복부에서 개미산을 쏴 공격해요.
■개미과 ■4.5~7.0mm ■한국, 일본 ■개미산

왕침개미
평지에서 산지까지 평범하게 관찰되는 개미예요. 엉덩이에 독침이 있으며 찔리면 아파요. 잔디밭에서 자다가 쏘인 사례도 있어요. ■개미과 ■4mm
■한국, 일본 ■독침

일본왕개미
전국에서 관찰되는 가장 친숙한 개미로 가장 커요. 적을 마주하면 물거나 개미산을 뿌려 몸을 보호해요.
■개미과 ■7~12mm
■한국, 일본, 중국 ■큰 턱, 개미산

열대불개미
자극하면 물고 엉덩이의 침으로 찔러요. 독은 강하지 않지만, 알레르기에 의한 쇼크사 사례가 있어요.
■개미과 ■3~5mm
■북아메리카 남부~중앙아메리카 등 세계 열대지방 ■큰 턱, 독침

수도머멕스개미
아카시아의 나무에 서식하는 개미예요. 나무는 개미에게 방과 꿀을 주고, 개미는 나무를 먹는 곤충을 쫓아내요. 엉덩이의 침에 찔리면 아주 아파요.
■개미과 ■3mm ■중앙아메리카 ■독침

붉은수확개미
아주 공격적인 개미예요. 독침으로 찔리면 매우 아프고 찔렸을 때 알레르기 반응으로 쇼크 증상이 나타나기도 해요.
■개미과 ■5~7mm
■북아메리카 ■큰 턱, 독침

대군에 주의!

아르헨티나개미
남아메리카가 원산지인 포악한 개미예요. 세계 각지에 퍼져 있으며 일본에서도 관찰되었어요. 침입한 지점의 개미를 멸종시키는 일도 있을 정도로 공격적이에요.
- 개미과 ● 2.5mm ● 남아메리카(자연 분포) ● 큰 턱

버첼군대개미
정해진 둥지를 짓지 않고 정글에서 수천만 마리의 대군으로 사냥하며 생활해요. 병정개미는 커다란 턱을 지녔어요.
- 개미과 ● 10mm ● 중앙아메리카 ● 큰 턱

군대개미의 턱은 손끝 피부를 뚫을 수 있을 정도로 강력해요.

푸른베짜기개미
유충이 내뿜는 실로 잎을 묶어 둥지를 틀어요. 성질이 난폭해서 턱과 개미산으로 둥지에 다가오는 적을 공격해요. 사람도 물리면 아주 아파요.
- 개미과 ● 8~10mm
- 동남아시아, 오스트레일리아 북동부
- 턱, 개미산

베짜기개미류 개미가 둥지에 침입한 곤충을 사냥하고 있어요.

엉덩이의 예리한 침.

총알개미
정글에 서식하는 개미예요. 개미, 벌 사이에서 쏘이면 가장 아픈 개미로 유명해요. 고통이 24시간이나 이어진다고 해요. ● 개미과 ● 25mm
- 중앙아메리카~남아메리카 ● 독침

위험생물 칼럼 세계에서 가장 아픈 의식?
아마존의 어느 부족에서는 특정 나이가 되면 총알개미를 이용한 의식을 거행해요. 수많은 총알개미가 든 주머니에 손을 넣어 일부러 찔리고, 그 고통을 견디는 의식이에요. 아픔이 심히 강렬해서 이 의식을 체험한 오스트레일리아인 남성이 격통으로 쓰러져 병원에 실려 간 사례가 있을 정도예요.

독침에 주의!

작은불개미
남아메리카가 원산지인 개미예요. 독침에 쏘이면 전기에 감전된 것처럼 아파요. 화물에 섞여 남아메리카 이외의 열대 지방으로도 퍼졌어요.
- 개미과 ● 1~2mm ● 남아메리카 ● 독침

▶큰 턱으로 물어서 독침 공격을 해요. 불개미라는 이름처럼 쏘이면 화상을 입은 듯 심한 고통과 더불어 쏘인 자리가 부풀어 올라요.

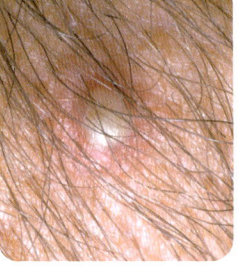

붉은불개미
남아메리카가 원산지인 개미예요. 쏘이면 심하게 아파요. 북아메리카에서는 아나필락시스 쇼크로 80명 이상이 사망한 기록이 있어요.
- 개미과 ● 4mm ● 남아메리카 ● 독침

기가스대왕개미
동남아시아 정글에 서식하는 세계에서 가장 큰 개미예요. 턱이 강력해 사람의 피부도 간단히 뚫을 수 있어요.
- 개미과 28.1mm
- 동남아시아 큰 턱

불독개미
전 세계에서 가장 위험한 개미로 알려져 있어요. 독침이나 커다란 턱 공격이 강렬하고 아파요.
- 개미과 8~25mm
- 오스트레일리아 독침, 큰 턱

큰 턱에 주의!

덫개미
전 세계에 약 70종이 알려져 있어요. 큰 턱을 벌린 채로 매복하고 있다가, 턱의 감각모에 먹잇감이 닿으면 시속 230km에 달하는 속도로 닫아서 잡아요.
- 개미과 10~13mm
- 전 세계 열대·아열대 큰 턱, 독침

폭발에 주의!

말레이시아개미
'큰턱샘'이라고 불리는 주머니를 폭발시켜, 흰색 또는 녹색의 끈적끈적한 액체를 적에게 묻혀서 죽여요. 폭발한 자신도 사망해요.
- 개미과 5mm 말레이시아 점액

위험생물 카탈로그 **거미 무리**

위험생물 카탈로그 거미 무리

거미의 특징 | 독니

거미는 '협각'이라 불리는 예리한 엄니로 먹잇감의 몸을 뚫고 독을 주입해요. 실은 무서운 겉모습과는 달리 사람에게 위험한 독을 가진 거미는 많지 않아요. 그렇지만 일부 거미는 목숨을 좌우하는 강한 독을 지니고 있어 주의가 필요해요. 게다가 엄니가 큰 개체는 물리면 심하게 아파요.

브라질떠돌이거미 🧪🧪🧪

브라질방황거미라고도 해요. 남아메리카에서 가장 두려워하는 독거미예요. 집안에 돌아다니던 것을 무심코 밟아 물리는 사고가 일어나고 있어요. 자극하지 않는 한 안전해요.

- 🟢 너구리거미과
- 🔴 15~40mm
- 🟣 브라질, 아르헨티나 북부
- 🔵 독침

🟢 분류 🔴 몸 크기 🟣 주된 서식지 🔵 위험한 부분

프린지드오너멘탈 🧪🧪
나무 위에 서식하는 타란툴라 예요. 애완용으로 사육되기도 하며 물리면 독에 의해 격통이 나타나므로 주의해야 해요.
- 🟢 대형열대거미과
- 🔴 80mm 🟣 스리랑카
- 🔵 독니

킹바분 🧪🧪
아프리카에 서식해요. 땅에 만든 둥지 구멍에 숨어 지나가는 생물을 습격해요. 독을 가지고 있어서 물리면 심한 고통이 일어요.
- 🟢 대형열대거미과 🔴 80mm 🟣 동아프리카 🔵 독니

골리앗버드이터 🧪🧪
다리를 펼치면 28cm에 달하는 전 세계에서 가장 큰 거미예요. 독은 약하지만 물리면 말벌에 쏘인 것처럼 아파요.
- 🟢 대형열대거미과 🔴 10cm
- 🟣 남아메리카 북부 🔵 독니

사실 맛있는 타란툴라
남아메리카 일부 지역에서는 골리앗버드이터를 먹는 문화가 있어요. 전신의 자극모(刺戟毛)를 구워 바나나 잎에 싼 후 꼬치구이로 먹어요. 새우 같은 맛이 난다고 표현하는 사람도 있어요.

▲ 적이 다가오면 몸에 난 자극모를 다리로 문질러 날려 보내는 식으로 공격해요.

타란툴라라는 대형 거미의 명칭은 본래 유럽에 서식하는 늑대거미를 부르는 이름이었어요.

위험생물 카탈로그 **거미 무리**

산왕거미 🧪
인가 근처에 서식하면서 밤이 되면 커다랗고 둥근 거미줄치는 거미예요. 잡으면 물리는 일도 있어요. 물리면 톡 쏘듯이 아파요.
- 왕거미과 ■ 15~30mm
- 한국, 일본 ■ 독니

시드니깔때기그물거미 🧪🧪🧪
거미 중에서 1~2위를 다투는 독을 지녀 전 세계에서 가장 위험한 거미로 알려져 있어요. 물리는 경우 의사의 도움이 없으면 목숨을 잃을 위험이 있어요.
- 깔때기그물거미과
- 50mm ■ 오스트레일리아 시드니 주변 ■ 독니

애어리염낭거미 🧪🧪
매우 강한 독을 지녔어요. 물리면 심히 고통스러우며 쇼크 증상이 일어나기도 해요. 억새 잎을 말아 둥지를 틀어요.
- 염낭거미과 ■ 3~10mm
- 한국, 일본 ■ 독니

농발거미 🧪
거미줄을 치지 않는 거미 중에서 큰 편인 거미예요. 건물 안에 서식하면서 바퀴벌레나 파리 등을 잡아먹어요. 잡으면 물어요.
- 농발거미과 ■ 10~30mm
- 한국, 일본 ■ 독니

브라운레클루즈거미 🧪🧪🧪
갈색은둔거미라고도 해요. 인가 근처에 서식하는 거미로서 사람이 물리는 사고가 많아요. 1984년에는 다섯 명이 사망한 사고가 일어났어요. 물리면 독에 의해 피부가 녹아서 괴사해요.
- 실거미과 ■ 15mm
- 북아메리카 남부
- 독니

붉은등과부거미 🧪🧪🧪
붉은등거미라고도 하며, 오스트레일리아에 서식하는 독거미예요. 암컷은 신경독을 지녀 물리면 심한 고통과 경련 등이 일어나 사망에 이르기도 해요.
- 🟢꼬마거미과 🔴3.5~10.0mm
- 🟣오스트레일리아 🔵독니

갈색과부거미 🧪🧪
신경독을 지닌 거미로, 물리면 심한 고통과 구토, 경련 등이 일어나요.
- 🟢꼬마거미과 🔴2.5~10.0mm
- 🟣오스트레일리아, 중앙아메리카, 남아메리카, 태평양 제도 🔵독니

지중해과부거미 🧪🧪🧪
남유럽과 아시아에 서식하는 독거미예요. 독은 목숨을 위협할 정도지만 최근에는 독의 효과를 억누르는 약이 있어 죽지는 않아요.
- 🟢꼬마거미과 🔴15mm 🟣지중해 연안, 중앙아시아 🔵독니

위험생물 칼럼 — 이웃 나라를 침략하는 독거미들

붉은등과부거미와 갈색과부거미는 수입 물품에 섞여 일본에 유입되었어요. 각지에서 물리는 피해가 보고되었지요. 두 거미 모두 위험하기 때문에 사람의 목숨이나 생태계에 피해를 줄 위험이 있는 해외 생물로서 '특정 외래 생물'로 지정되어 있어요. 지중해과부거미는 아직 관찰이 보고된 사례가 없지만, 앞으로도 일본에 반입될 가능성이 있어 특정 외래 생물로 지정되었다고 해요.

위험생물 카탈로그 전갈 무리

랑그도크전갈 🧪🧪
지중해 주변에 서식하고 있어요. 인가 근처에서 살기 때문에 쏘이는 사고가 종종 일어나고 있어요. 독의 양은 적지만 사망 사례도 있어요.
- 전갈과 ● 60~80mm
- 유럽 남부, 아프리카 북부, 중동
- 독침

위험생물 카탈로그 전갈 무리

전갈의 특징 / 독침
전갈은 집게로 먹잇감을 잡고 꼬리 끝에 달린 독침으로 독을 주입해요. 전갈은 모두 독을 지녔지만, 거미와 마찬가지로 그중에서 인간에게 해를 가하는 종은 극히 일부예요. 종에 따라서는 호흡 곤란이나 전신 마비 등의 증상을 일으키는 맹독 전갈도 있으니 주의가 필요해요.

몸을 빛내는 신비로운 전갈

전갈은 자외선 빛을 비추면 몸이 녹색으로 빛나요. 몸 표면에 있는 '베타 카르볼린'이라는 물질이 빛나기 때문이에요. 다양한 가설이 있지만, 무엇 때문에 빛나는지는 전혀 밝혀져 있지 않아요.

스트라이프버크전갈
미국 남부에서 흔히 관찰되는 전갈로 쏘이는 사고가 매년 일어나고 있어요. 강한 독을 지녔지만, 양이 적어서 목숨을 잃을 정도는 아니에요.
- 전갈과 ■70mm
- 북아메리카 남부, 멕시코 북부 ■독침

레서브라운전갈
일본의 경우 오키나와 제도, 오가사와라 제도에서 관찰되는 전갈이에요. 독은 별로 세지 않아 쏘여도 목숨을 잃지는 않아요.
- 전갈과 ■30mm
- 전 세계 열대·아열대
- 독침

옐로우팻테일전갈
전 세계에서 가장 위험한 전갈 중 하나로, 두꺼운 꼬리가 특징이에요. 강한 신경독을 지녔으며 쏘이면 격통이 일어나고, 드물게 사망하기도 해요.
- 전갈과 ■65mm ■아프리카 북부, 중동 ■독침

황제전갈
몸길이가 20cm에 달하는 세계에서 가장 큰 전갈이에요. 독은 강하지 않지만 집게 힘이 강해, 집히면 출혈이 일어나기도 해요.
- 이형전갈과 ■20cm ■아프리카 ■집게

데스스토커
가지고 있는 독은 전 세계 전갈 중 최강이라고 해요. 죽음에 이르는 일은 흔치 않지만, 어린아이나 고령자는 목숨을 잃는 경우가 있어요.
- 전갈과 ■80~110mm ■북아프리카, 중동 ■독침

일본에 있는 독버섯

맛있어 보여도 먹으면 안 돼요

버섯은 나무 근처에 자라요. '균류'라는 생물류에 속하며, 낙엽이나 동물의 사체를 영양분으로 삼아요. 식재료로도 익숙하고 각지에 수많은 종이 서식하지만, 맹독을 지닌 버섯 종도 있어요. 여기서는 그중 몇 가지를 소개할게요.

광대버섯
먹으면 구토나 설사, 환각이 일어나지만 죽는 일은 드물어요. 독은 파리를 죽이는 데 쓰여 왔어요. 전 세계에 분포해요.
- 광대버섯과 ● 10~24cm(높이)
- 활엽수·침엽수림 지상 ● 독

Q 화려한 버섯에 독이 있나요?

A '화려한 버섯에 독이 있는' 건 아니에요. 식재료인 버섯과 비슷하게 생긴 독버섯도 많이 있어요. 식용 버섯과 독버섯을 구분하는 명확한 방법은 존재하지 않아요. 버섯을 발견해도 함부로 먹는 건 위험하므로 절대 먹지 마세요. 사람의 목숨을 빼앗기도 하는 독버섯이지만 왜 독이 있는지는 아직 의문이에요.

화경버섯
밤이 되면 빛나요.

화경솔밭버섯이라고도 하며, 느타리나 표고버섯을 닮았어요. 어둠 속에서 아른아른 빛나는 것으로 유명해요. 먹은 후 30분~1시간이 지나면 구토나 설사, 복통이 일어나요. 드물게 사망하기도 해요. 한국에도 분포하고 있어요.
- 낙엽버섯과 ● 10~25mm(갓의 지름)
- 활엽수의 줄기, 너도밤나무 ● 독

버섯 사건 기록

일본 니가타현의 온천 여관에서 숙박객 다섯 명이 테이블에 장식돼 있던 붉은사슴뿔버섯 2개를 먹고, 30분 후 복통, 구토, 설사 등의 위장 장애와 두통, 사지 마비 등의 증상이 나타나는 사건이 있었어요. 모두 의료 기관에서 검사를 받았고 세 명이 중상으로 입원했어요. 그중 58살 남성은 이틀 후 사망했어요.

붉은사슴뿔버섯
만지는 것만으로도 피부염이 일어날 정도로 강력한 독을 지녔어요. 먹으면 신장이나 호흡기에 영향을 미쳐 다발성 장기 부전이 유발되는 한편 보행 장애, 언어 장애가 일어날 수 있어요. 한국에도 분포하고 있는 버섯이에요.
- 육좌균과 ● 10cm(높이)
- 활엽수의 마른 나무, 지상 ● 독

● 분류 ● 몸 크기 ● 주된 서식지 ● 위험한 부분

버섯사건기록

중국인 유학생 부부와 아이가 일본 나고야시 히가시야마 동식물원에서 채취한 독우산광대버섯(또는 흰알광대버섯)을 스프와 밥반찬으로 사용해 먹었어요. 시식 후 6시간이 지나자 구역질, 설사 등의 중독 증상이 나타나 병원으로 이송됐어요. 의사는 버섯 중독에 대한 적절한 조치를 취하지 못해 58시간 후에 아이가 사망했어요. 이후 부부는 다른 병원으로 옮겨졌으나 부인도 사망했어요.

독우산광대버섯 🧪🧪🧪
하나 먹은 것만으로도 사망할 정도인 맹독 버섯이에요. 일본에서 발생하는 독버섯에 의한 사망 사고의 대부분이 흰알광대버섯이나 이 독우산광대버섯에 의한 것이지요. 먹으면 1~24시간 이내로 구토 등의 증상이 나타나고, 1~3일에 걸쳐 내장이 파괴돼요. 중증일 경우에는 그대로 사망해요. 한국에도 있어요.
- 🟢광대버섯과 🟥14~24cm(높이) 🟪활엽수·침엽수림 지상 🔵독

흰알광대버섯 🧪🧪🧪
여름부터 가을까지 관찰돼요. 소량으로도 죽음에 이를 수 있는 맹독을 지녔고, 회복해도 뇌나 내장에 장해가 나타나요. 한국에도 있는 버섯이에요.
- 🟢광대버섯과 🟥10~24cm(높이) 🟪활엽수·침엽수림 지상 🔵독

버섯사건기록

피젖버섯이라는 식용 버섯인 줄 알고 독깔때기버섯을 냄비 요리로 먹은 남성이 있었어요. 5일이 지나자 양쪽 손발 관절 끝부분에 심한 고통이 일었지요. 불로 지지는 듯한 감각이었다고 해요.

독깔때기버섯 🧪🧪🧪
먹은 후 6시간에서 1주일 정도 후에 손발 끝이 갈라지고 심한 고통이 찾아와요. 식히면 증상이 줄어들지만 낫지는 않아요. 한국의 한라산 등에도 있어요.
- 🟢송이버섯과
- 🟥5~10cm(갓의 지름)
- 🟪활엽수림, 잡목림, 죽림 🔵독

세계에서 가장 위험한 독버섯

세계에서 가장 위험한 독버섯이 알광대버섯이에요. 해외에서 발생하는 독버섯에 의한 사망 사고의 대부분은 알광대버섯에 의한 사건이지요. 치료해도 10~30%의 확률로 사망하거나 해요. 독우산광대버섯이나 흰알광대버섯과 마찬가지로 '아마톡신'이라는 맹독을 지니고 있어, 간 이식이 필요해질 정도로 심각한 영향을 미쳐요. 독은 열과 추위에도 강해서 7~8개월 동안 냉동한 알광대버섯을 먹고 사망한 사례도 있어요.

▲작을 때는 갓이 닫혀 있지만, 성장하면 크게 펼쳐져요.

일본에 있는 독버섯

버섯사건기록
헤이안 시대(794~1185)에 작성된 일본의 최대 설화집인 '콘자쿠모노가타리'에는 여승과 나무꾼이 버섯을 먹더니 웃으며 춤추기 시작했다는 이야기가 기록되어 있는데, 이 버섯이 갈황색미치광이버섯으로 추정되고 있어요.

갈황색미치광이버섯 🧪
한곳에 모여 자라요. 깨물면 강한 쓴맛이 느껴져요. 대량으로 먹으면 환각이 보이고 의식이 몽롱해져요. 한국에도 있는 버섯이에요.
- 🟢 끈적버섯과 🔴 5~15cm(갓의 지름)
- 🟣 마른 활엽수, 드물게 마른 침엽수
- 🔵 독

청환각버섯 🧪
먹으면 손발에 마비, 환각 등의 증상이 나타나요. 일본의 경우, 마약류로 관리되고 있어서 채집하거나 먹는 것 모두 위법이에요. 한국에도 있어요.
- 🟢 독청버섯과 🔴 2~5cm(갓의 지름) 🟣 공원이나 숲의 그늘
- 🔵 독

버섯사건기록
청환각버섯의 발견자인 요코야마 카즈마사 씨의 체험담으로는 식후 30분 만에 손발에 마비가 나타나고, 이후 몇 시간 뒤 본 적 없는 이국의 아름다운 궁전이 보이거나, 분수의 물이 일곱 빛깔로 보이거나, 하늘 저편에서 칠색의 별이 내려오는 등의 환각 증상이 나타났다고 해요.

마녀를 낳은 검은 맥각균

맥각균(麥角菌)은 주로 호밀에 기생해요. 먹으면 심한 고통과 환각, 몸속을 무언가가 헤집는 듯한 감각이 느껴지거나, 이상한 행동을 하는 등의 증상이 나타나요. 호밀을 즐겨 먹던 유럽에서는 때때로 맥각균 중독이 유행했지요.

그러다 17세기 유럽 각지에서 마녀라고 칭한 사람을 박해하는 '마녀사냥'이 일어났어요. 실은 이 마녀사냥에 맥각균이 관련돼 있다고 해요. 맥각균 중독에 의한 환각 증상으로 '마녀가 보인다'고 말하거나, 이상한 행동을 하게 된 사람들이 마녀로 몰린 일도 있었다고 해요.

▼검은 부분이 맥각균이에요.

▶불태워지는 여성들. 마녀재판으로 마녀라고 몰린 사람들이 많이 사형당했어요.

버섯사건기록
17세기 노르웨이의 마녀재판 기록에 따르면 "(맥각균이 들어간)빵 조각을 먹은 후, 지구가 내 주변을 돌기 시작하고 손발에 갈고리발톱을 지닌 악마가 나타났다.", "피부밑에 숨은 악마가 끝이 뾰족한 가지로 몸 안쪽에서부터 찔러서 불에 데는 듯한 고통에 괴로워하고 있다." 등 맥각균 중독 증상으로 추정되는 증언이 기록되어 있어요.

버섯사건기록

연기색만가닥버섯이라는 식용 버섯인 줄 알고 자택에 자라 있던 노란다발 가지와 함께 된장국에 넣어 먹은 가족이 있었어요. 그들은 1시간 정도 후에 차례차례 설사, 구토, 복통, 발열, 오한, 두통, 탈력감 등을 호소하여 입원했어요.

버섯사건기록

53살의 외국인 여성이 생으로 먹은 후 설사와 구토를 겪었어요. 다음 날 병원에 입원했지만, 황달과 혈압 저하, 무뇨, 간 비대, 우반신 불수 등의 증상이 나타나 입원한 지 몇 시간 지나지 않아 사망했어요.

노란다발 🧪🧪🧪
노란개암버섯이라고도 하며, 쓴맛이 나는 버섯이에요. 연중 관찰돼요. 식용 개암버섯과 비슷해서 혼동하여 섭취하는 사고가 자주 발생해요. 한국에도 있어요.
- 🟢 독청버섯과 🔴 2~5cm(갓의 지름)
- 🟣 마른 활엽수와 침엽수 🔵 독

마귀곰보버섯 🧪🧪🧪
갓에 주름이 많고 안은 비어 있어요. 독의 양은 생육 환경에 따라 달라져요. 발암성 독이기 때문에 주의가 필요해요. 한국에도 있는 버섯이에요.
- 🟢 안장버섯과 🔴 5~15cm(높이) 🟣 침엽수림 🔵 독

일본의 3대 유독 식물

버섯뿐만 아니라 식물도 주의해야 해요. 일본의 경우, 약 200종의 유독식물이 있다고 해요. 식용 산채와 헷갈려서 먹어 버리고 식중독에 걸리는 사고가 매년 일어나고 있어요. 그중에서도 '일본 3대 유독 식물'이라고 불리는 식물들은 사람을 죽일 정도의 맹독을 지니고 있으니 절대로 먹어서는 안 돼요.

독빈도리
열매뿐만 아니라 풀 전체가 독을 지니고 있어요.

독미나리

한라돌쩌귀
식용 남바람꽃으로 착각하고 먹어서 사망하는 사고 등이 일어나고 있어요.

남바람꽃 (식용)

한라돌쩌귀 (유독)

한라돌쩌귀의 독은 호흡 마비나 심장 마비를 일으켜요. 예전에 아이누족은 이 독을 화살촉에 묻혀 사냥했다고 해요. 독빈도리는 붉고 달콤한 열매를 식용으로 착각하는 사고가 일어나고 있어요. 독미나리는 식용 미나리와 비슷하고 같은 장소에 자라기 때문에 주의해야 해요. 식용 미나리와는 달리 특유의 냄새가 없고 뿌리가 큰 게 특징이에요.

◀독미나리의 뿌리는 미나리보다 크고, 안에 죽순 같은 마디가 나 있어요.

※남바람꽃에도 독이 있지만, 가열하면 독성이 사라져 먹을 수 있게 돼요. 그대로 먹으면 중독되므로 주의해야 해요.

바다의 위험생물

지표의 약 70%를 차지하는 바다에는 물고기부터 해파리까지 다양한 생물들이 서식하고 있어요. 상어나 고래 등의 대형 생물은 물론 맹독을 지닌 작은 위험 생물도 서식하고 있으므로 해수욕이나 바다낚시를 할 때 주의해야 해요.

바다의 위험생물

백상아리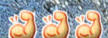

상어 중에서도 가장 위험하다고 불리는 거대 상어예요. 해수면 근처를 천천히 헤엄치다가 먹잇감을 발견하면 맹렬한 속도로 돌진해요.

- 악상어과
- 6.4m
- 전 세계 온대·열대 바다
- 이빨

Q 상어는 왜 사람을 공격하나요?

A 백상아리는 보통 물범이나 물개 등 바다에 서식하는 포유류를 사냥해요. 바닷속을 헤엄치는 사람은 밑에서 보면 태양 빛에 의해 새까만 그림자가 되고, 물범이나 물개와 구분하기 어려워요. 그래서 사람을 먹이라고 착각해 공격하는 것이 아닐까 추측돼요. 또 호기심이 강한 백상아리는 먹잇감이 어떻게 행동할지 시험하기 위해 눈앞에 있는 것을 물기도 해요.

분류 ● 몸 크기 ● 주된 서식지 ● 위험한 부분

보통 해수면 근처를 헤엄치며 생활해요.

▲로드니 폭스 씨는 1963년에 백상아리에게 공격받아 중상을 입었어요. 462개의 바늘을 꿰매야 하는 큰 수술 끝에 기적적으로 살아났어요.

위험생물 칼럼 예리한 이빨의 비밀

백상아리의 이빨은 삼각형으로 뾰족해서 물어뜯은 먹잇감을 확실히 마무리 지을 수 있어요. 게다가 자세히 보면 이빨의 테두리가 깔쭉깔쭉하게 돼 있고, 이는 달려들어 문 먹잇감의 살을 손쉽게 뜯을 수 있도록 해요.

▲백상아리의 이빨.

바다의 위험생물

큰꼬치고기
예리한 이빨을 가지고 있어. 잠수부나 낚시꾼이 물려 큰 상처를 입는 사고가 일어나고 있어요. 중독을 일으키는 시가테라 독을 함유하기도 해요.
- 꼬치고기과 1.7m
- 태평양·인도양·대서양의 열대 바다 이빨, 독

◀큰꼬치고기의 머리뼈. 예리한 이빨로 물어 중상을 입히기도 해요.

예리한 이빨이 잔뜩 나 있어요.

▲제왕쥐치복은 몸 색깔이 화려하고, 마름모 형태의 몸이에요.

제왕쥐치복
평소에는 얌전한 물고기이지만 알을 지킬 때는 공격적으로 변해요. 두꺼운 조개껍질을 씹어 으깨는 이빨을 지니고 있어 물리면 위험해요.
- 쥐치복과 63cm 태평양·인도양의 열대 바다 이빨

동갈치
빛을 향해 돌진하는 습성이 있어요. 잠수부의 조명을 향해 돌진하여, 그대로 몸에 박히는 사고가 일어나고 있어요.
- 동갈치과 1m 북태평양 서부의 열대 바다 주둥이

알락곰치
날카로운 이빨이 나 있어 물리면 크게 다칠 수 있어요. 무심코 다가가 놀라게 하지 않는 한은 물지 않아요.
- 곰치과 90cm 태평양, 인도양 이빨

돛새치
주둥이가 창처럼 날카로워서 때리거나 찌르는 식으로 물고기를 잡아요. 황새치과에 속하는 물고기 중에 주둥이로 사람을 사망하게 한 종이 있어요.
- 황새치과 ■ 3.3m
- 인도양·태평양의 온대·열대 바다 □ 주둥이

> 황새치를 포획하려던 하와이 어부가 주둥이에 가슴을 찔려 사망한 사고가 일어났어요.

사람을 물고 흔든다!

대왕바리
자이언트그루퍼라고도 불러요. 몸무게가 400kg에 달하는 개체도 있는 대형 어류로, 남태평양에서는 사람을 통째로 삼킨다는 전설이 있어요. 잠수부를 물고 흔들 위험이 있어요.
- 바리과 ■ 2m
- 인도양, 태평양
- 커다란 입

큰바다사자

바다사자류 중에서 가장 크게 자라요. 엄니가 날카로워서 물리면 위험해요. 그물에 걸린 물고기를 먹어 치우는 어업 피해를 일으키고 있어요.

- 바다사자과
- 2.3~2.8m, 263~566kg
- 북태평양
- 엄니

바다의 위험생물

▲남방코끼리물범이나 큰바다사자는 암컷보다 수컷이 훨씬 크기 때문에 수많은 암컷을 거느려요.

남방코끼리물범

전 세계에서 가장 큰 물범이에요. 암컷을 둘러싸고, 돌진하거나 물어뜯으면서 수컷끼리 싸워요. 사람이 휘말리면 중상을 입을 수 있어요.

- 물범과
- 2.6~4.5m, 400kg~4t
- 남극해 주변
- 거대한 몸, 이빨

코뿔소보다 무거운 몸이 부딪친다!

▲성체 수컷의 몸은 싸움에 따라 피범벅이 되기도 해요.

분류 몸 크기 주된 서식지 위험한 부분

노무라입깃해파리 🧪

직경 2m에 달하는 거대한 해파리예요. 대량 발생하여 물고기 그물망을 부수거나, 자포라는 작은 주머니에서 독침을 발사해 해수욕객을 찌르는 일이 일어나고 있어요.

- 🟢근구해파리과　🔴2m(갓의 지름)
- 🔵발해만, 황해, 동중국해, 동해　🟦대량 발생, 자포

Q 해파리는 왜 폭발적으로 발생하나요?

A 이유 중 하나는 인간이 물고기를 너무 많이 포획해, 노무라입깃해파리의 새끼를 먹는 천적이나 노무라입깃해파리가 섭취하는 동물성 플랑크톤을 먹는 물고기가 줄어든 것이 원인이에요. 먹이 경쟁 상대가 줄어들면 수많은 먹이를 얻게 되기 때문에 대량 발생한다고 해요. 또 해양 오염에 의해 바다의 영양분이 늘어난 것도 이유 중 하나로 생각돼요.

파란선문어 🧪🧪🧪

침에 테트로도톡신이라는 맹독이 포함돼 있어 물리면 마비가 와요. 사람이 물리면 목숨을 잃을 위험이 있어서 주의가 필요해요.

- 🟢문어과　🔴12cm　🔵서태평양의 열대·아열대 바다　🟦독

맹독 문어 형제

맹독을 지닌 문어는 파란선문어 이외에도 작은파란고리문어, 파란고리문어 등이 있어요. 모양은 비슷하게 생겼지만, 몸통의 무늬가 각각 다르기 때문에 구분할 수 있어요. 실은 파란선문어에게 물려 사망했다는 사고 대부분은 파란고리문어에 의한 사고예요.

◀파란고리문어도 파란선문어와 같은 독을 지니고 있어요.

▶작은파란고리문어는 파란고리문어에 비해 무늬 크기가 작아요.

아메리카대왕오징어

훔볼트오징어라고도 하며, 다리 길이를 포함하면 2m에 가까운 거대한 오징어예요. 밤중에 잠수부가 가진 조명에 반응해 공격하는 일이 있어요.

- 🟢 빨강오징어과 🔴 1.75m
- 🟣 태평양 동부 🔵 흡반이 있는 팔

흡반 안쪽에 돌출된 이빨 같은 부분이 달린 고리가 있어요.

바다의 위험 생물

대문어의 굵은 팔. 흡반은 20kg 짜리 추를 들 수 있을 만큼 흡착력이 세요.

대문어 🧪

그냥 문어라고 부르기도 해요. 전 세계에서 가장 큰 문어로, 9m에 달했던 기록이 있어요. 대형인 개체는 상어를 잡아먹을 정도로 힘이 세서 사람도 공격당하면 익사할 가능성이 있어요.
- 문어과 - 3m - 북태평양
- 흡반이 있는 팔

먹으면 위험한 바다 생물

일본의 경우 2005~2019년, 495명이 복어에 의해 식중독에 걸렸고 그중 13명이 사망했어요. 복어를 조리하려면 면허가 필요하므로 초심자가 복어를 다루는 건 아주 위험해요. 먹으면 맛있는 바다 생물이지만 안에 독이 든 개체도 있어, 잘 모르는 물고기를 섭취할 때는 주의가 필요해요.

자주복 🧪🧪🧪

식용으로 인기가 높은 고급 물고기예요. 내장에 맹독인 테트로도톡신이 함유돼 있고, 특히 간과 난소에 강한 독이 있어요.
- 참복과 - 70cm - 황해~동중국해, 한국 연안, 일본 연안 태평양, 대서양 - 독

검복 🧪🧪🧪

간과 난소에 맹독이 있고 피부, 장에 강한 독이 있어요. 복어의 독은 신경독으로 몸이 마비되고 호흡 곤란이 일어나요.
- 참복과 - 45cm
- 동해, 동중국해 - 독

기름갈치꼬치 🧪

살코기에 왁스 성분이 높아 많이 먹으면 설사가 일어나요.
- 갈치꼬치과 - 1.5m - 전 세계 온대·열대 바다 - 왁스 성분

매리복 🧪🧪🧪

간과 난소에 맹독을 가졌으며 피부, 장에도 강한 독이 있어요. 드물게 살에도 독이 있어요.
- 참복과 - 30cm - 황해~동중국해 - 독

날개쥐치 🧪🧪🧪

내장에 팔리톡신을 지닌 개체가 있어요. 먹으면 손발에 마비가 오거나 호흡 곤란이 일어나고, 죽음에 이르기도 하는 맹독이기 때문에 주의해야 해요.
- 쥐치과 - 75cm - 전 세계 열대 바다 - 독

매끈이송편게 🧪🧪🧪

얕은 바다에 서식하고 해변에서 발견되기도 해요. 살에 독이 있어서 먹으면 혀가 마비되고 호흡 곤란이 일어나요.
- 부채게과 - 3.5cm(등껍질 폭)
- 인도양~서태평양 - 독

초거대 생물

육지 동물을 뛰어넘는 스케일!

바다의 위험생물

> ⚠️ **고미야 원장의 체크 포인트**
> 바다에 서식하는 고래 대부분은 육상 최대의 동물인 아프리카코끼리를 월등히 뛰어넘는 커다란 몸을 지닌 초거대 생물이에요. 그 거대한 몸 때문에 부딪히면 뜻하지 않은 사고가 되는 경우가 있어요.

대왕고래
세계 최대 크기의 동물이에요. 사람이 직접 덮쳐질 일은 없지만, 보트 등으로 무심코 가까이 다가갔다가 거대한 꼬리로 공격당할 위험이 있어요.
- 🟢 수염고래과 🔴 33m (최대), 190t 🟣 전 세계 바다
- 🟦 거대한 꼬리

향유고래
향고래라고도 하며, 이빨 고래 중 가장 큰 종이에요. 호흡하기 위해 부상한 향유고래에 배가 부딪쳐 침몰하는 사고가 일어나고 있어요. 🟢 향유고래과 🔴 12~19m, 35~50t 🟣 전 세계 바다 🟦 거대한 몸

🟢 분류 🔴 몸 크기 🟣 주된 서식지 🟦 위험한 부분

최대 몸길이 30m를 넘는 대왕고래는 지구 역사상 가장 큰 동물이라고 해요.

Q 고래가 사람을 공격하기도 하나요?

A 보통 고래가 사람을 공격하지는 않아요. 한편으로는 소형 요트가 수면에서 튀어나온 고래에게 깔려 부서지거나, 관광선이 고래와 부딪쳐 승객이 사망하는 등, 근래 배와 고래가 충돌하는 사고가 늘어나고 있어요. 고래의 개체 수 증가와 배의 고속화 등이 원인으로 여겨져요.

위험생물 칼럼 — 수염 고래와 이빨 고래

고래는 수염 고래와 이빨 고래로 나뉘어요. 대왕고래 등의 수염 고래는 입에 수염이 있어 작은 물고기나 플랑크톤 등의 소형 생물을 잡아먹어요. 향유고래 등의 이빨 고래는 이빨을 지녀, 오징어 등의 커다란 생물을 먹이로 삼아요.

덴마크의 섬에서 일어난 사체 폭발 현장이에요. 2013년, 해양 생물학자가 사망한 향유고래를 해체하려고 칼집을 낸 순간, 돌연 폭발이 일어났어요.

Q 왜 고래 사체가 폭발하나요?

A 내장이 썩어 몸 안에 가스가 쌓이기 때문이에요. 보통 고래의 사체는 바닷속의 다양한 동물들에 의해 먹혀서 사라져요. 그런데 깨끗한 상태의 사체가 해안이나 항구 등에 흘러들어 오면, 체내에 점점 가스가 쌓여 결국 큰 폭발이 일어나게 돼요.

고도의 지능으로 먹잇감을 마무리!
바다의 갱

바다의 위험생물

> ⚠️ **고미야 원장의 체크 포인트**
> 범고래는 지능이 높은 것으로 유명해요. 바다의 상태를 이해하지 못하면 할 수 없는 사냥이나 합을 맞춘 팀워크 등, 고도의 기술로 먹잇감을 마무리해요.

▲주로 암컷을 중심으로 무리를 지어요.

Q 왜 육지로 돌진하고 있나요?

A 남아메리카바다사자를 공격해 먹기 위함이에요. 아르헨티나의 바다에 서식하는 범고래는 사냥이 성공하기 쉬운 만조를 노려요. 파도가 치는 곳에 있는 남아메리카바다사자를 바닷속에서부터 맹렬한 속도로 돌진해 공격하죠.

범고래
'바다의 갱'이라고 불리고 있어요. 자기보다 큰 고래도 팀워크로 덮쳐 잡아먹어요. 수족관에서 사육하고 있는 범고래가 사람을 공격하는 사고가 일어나고 있어요.

- 돌고래과
- 7~8m, 7.2t
- 전 세계 바다
- 이빨, 지능

Q 범고래는 고래를 공격하나요?

A 범고래는 주로 바다사자나 물고기를 먹잇감으로 삼지만, 새끼 고래나 약해진 고래를 먹이로 삼기도 해요. 위에 올라타거나 꼬리지느러미를 물어뜯는 식으로 고래가 해면에 나와 호흡하는 것을 방해해요. 숨을 쉬지 못하고 죽은 고래를 잡아먹어요.

어린 귀신고래를 공격하는 범고래.

빙상의 물범을 떨어뜨리기 위해 해면에서 얼굴을 내밀고 상황을 관찰하고 있어요.

빙상의 먹잇감을 무리로 떨어뜨린다! 범고래의 영리한 사냥

빙상에 있는 먹잇감을 무리로 둘러싸요.

범고래 몇 마리가 얼음 반대편으로 돌아 들어가면서, 재빠르게 헤엄쳐 파도를 일으켜요.

파도로 먹잇감을 날려 버리면 기다리고 있던 범고래가 마무리 지어요.

필살의 일격! 완력

바다의 위험생물

> ⚠️ **고미야 원장의 체크 포인트**
>
> 새우나 게 등의 갑각류 중에는 견고하고 강한 힘을 발휘하는 '강한 완력'의 소유자가 있어요. 갑각류는 '팔'이 아니라, 정확히는 '다리'예요. 이 다리를 활용해 사람의 손가락을 간단히 절단할 수도 있으므로 주의해야 해요.

공작갯가재

'광대사마귀새우'라고 부르기도 해요. 오키나와 산호초 등에 서식하는 갯가재의 친척이에요. 딱딱한 조개껍데기를 깰 정도로 강력한 '포각'이라는 앞발로 수조의 유리도 간단히 부숴요.

- 🟢 사마귀새우과
- 🔴 18cm
- 🟣 서태평양, 인도양
- 🟦 포각

Q 어떻게 딱딱한 껍데기를 깰 수 있나요?

A 공작갯가재는 '포각'이라고 불리는 망치처럼 단단한 다리를 지녔어요. 이 다리로 펀치를 날려 조개껍데기를 부숴요. 펀치 속도가 무려 시속 80km 이상에 달한다고 해요.

머드크랩
강과 바다의 경계나 맹그로브에 서식하는 꽃게의 총칭이에요. 집게가 크고 힘이 세서 손가락을 집히면 큰 상처를 입을 위험이 있어요. ●꽃게과
●20cm (등딱지 폭)
●태평양, 인도양의 열대·아열대 해안 ●집게

태즈메이니아자이언트크랩
다리를 펼치면 1.5m에 달하는 전 세계 최대급 게예요. 수컷의 집게는 등딱지보다도 크게 자라요. 아주 힘이 세서 주의가 필요해요. ●비단부채게과
●45cm (등딱지 폭), 14kg ●오스트레일리아 남부 연안 ●집게

독 가시

바다의 맹독 생물에 주의!

바다의 위험생물

⚠️ 고미야 원장의 체크 포인트

바다 생물 중 특히 조심해야 하는 건 독 가시를 지닌 생물이에요. 물고기, 가오리, 성게 외에 해파리도 가시를 지니고 있죠. 해파리의 촉수에는 '자포'라는 작은 주머니가 있고 독 가시가 들어 있어요. 가시를 지닌 위험생물은 바다에서 마주할 일이 많으니 주의해야 해요.

Q 어째서 독 가시를 지녔나요?

A 물고기의 가시는 주로 몸을 보호하기 위한 것으로 여겨져요. 독 가시를 지닌 물고기가 사람을 공격하진 않아요. 하지만 몸을 보호하기 위해 위협하거나 무심코 다가가거나 낚시할 때 사람이 쏘이는 사고가 일어나고 있어요.

독침

◀ 옆에서 본 스톤피시. 등지느러미에 수많은 가시가 나 있어요.

스톤피시 🧪🧪🧪

지느러미의 맹독 가시에 찔리면 심하게 아프고 부어올라요. 호흡 곤란이나 경련을 일으켜 사망에 이르기도 해요. 무심코 밟아 쏘이는 사고가 일어나고 있어요.

- 🟢 쑤기미과 🔴 30cm
- 🟣 서태평양, 인도양 🟦 독 가시

■분류 ■몸 크기 ■주된 서식지 ■위험한 부분

쑤기미 🧪🧪🧪
등지느러미, 배지느러미, 꼬리지느러미에 강한 독을 지닌 가시가 있어요. 쏘이면 며칠간 격한 고통이 이어지거나 열이 나요. 독은 열에 분해되기 때문에 맛있는 흰살 생선으로서 식용으로도 먹고 있어요. ■쑤기미과 ●20cm (몸길이)
■한국, 일본, 서태평양 ■독 가시

기린쑬배감펭(일본명) 🧪🧪🧪
머리, 등지느러미, 꼬리지느러미, 배지느러미에 맹독 가시가 있어요. 쏘이면 상처가 붉게 부풀어 오르고 격통이 18시간이나 이어진다고 해요. ■양볼락과 ●18~20cm (몸길이)
■일본, 인도양, 서태평양, 남아프리카 등 ■독 가시

독가시치 🧪🧪
등지느러미와 꼬리지느러미에 독 가시가 있어 쏘이면 아주 아파요. 바다에서 자주 잡히는 물고기지만 맨손으로 만지면 안 돼요.
■독가시치과 ●25cm ■서태평양 ■독 가시

비상쑬배감펭 🧪🧪🧪
등지느러미에 맹독을 지닌 가시가 있어 사망 사고가 일어나고 있어요. 하늘거리는 가슴지느러미와 등지느러미는 해초에 섞여 몸을 숨기거나 적을 놀래게 하는 데 도움이 돼요.
■양볼락과 ●29cm ■쓰루가만 이남, 인도양, 태평양 ■독 가시

▲독가시치의 등지느러미에 난 가시는 날카로워 위험해요.

바다를 가득 메운 멍크쥐가오리 대군

바다의 위험생물

부채가오리 ⚗️⚗️
몸에 있는 얼룩무늬가 특징인 가오리로, 크게 성장해요. 쏘이면 심하게 아프고 붉게 부풀어 오르며 열이 나요. 독 가시에 톱 모양 이빨이 달려 있어서 쏘이면 빼기 어려운 구조예요. ●색가오리과 ●1.8m (폭) ●일본, 인도양, 서태평양, 남아프리카 ●독 가시

●분류 ●몸 크기 ●주된 서식지 ●위험한 부분

멍크쥐가오리 수컷은 바닷속에서 바다 위로 크게 점프해요. 암컷을 향한 구애 행동으로 여겨져요.

멍크쥐가오리 🧪🧪
멍크쥐가오리는 쥐가오리의 일종이에요. 번식기에 대군을 지어 이동한다고 알려졌어요. 사진을 보면 층층이 겹쳐진 가오리가 대량으로 있는 것을 알 수 있지요. 꼬리에는 독이 있는 가시를 지니고 있어요. 🟢쥐가오리과
🔴2.2m (폭) 🟣캘리포니아만, 에콰도르 해안, 갈라파고스 제도 🔵독 가시

노랑가오리 🧪🧪🧪
아주 친숙한 가오리로, 조개를 잡을 때 볼 수 있어요. 꼬리 중간에는 맹독 가시가 달려 있어서 쏘이면 사망하기도 해요. 🟢색가오리과
🔴88cm (폭) 🟣한국, 일본, 동중국해~남중국해 등 🔵독 가시

▲노랑가오리의 가시는 톱날처럼 울퉁불퉁해서 찔리면 빼기 어려운 구조예요.

독 가시

가시는 꼬리 가운데 부근에 달려 있어요.

대량 발생하여 산호를 파괴

악마불가사리가 이상 발생하여 산호를 먹어치우면 그곳에 서식하던 다른 생물도 살 수 없게 돼요. 악마불가사리가 대량으로 나타나면 산호초를 보호하기 위해 지역 주민이 협력해 제거해요.

대량 발생한 악마불가사리를 제거하는 잠수부. 대량 발생의 원인은 아직 알려지지 않았어요.

긴가시성게

롱핀성게, 가시왕관성게라고도 해요. 대형 성게로서 가늘고 긴 가시 끝에 독이 있어요. 바위나 산호 틈에 가시가 드러나는 일이 있어 주의가 필요해요. ●왕관성게과 ●5~9cm (껍질) ●서태평양, 인도양 ●독 가시

바다의 위험생물

악마불가사리

가시관불가사리라고도 해요. 몸의 가시에 독이 있어 쏘이면 아주 아파요. 사람이 사망하는 사고도 일어나고 있어요. 대량 발생해 산호를 먹어치우기도 해요.
●악마불가사리과 ●30~60cm ●서태평양, 인도양
●독 가시

●분류 ●몸 크기 ●주된 서식지 ●위험한 부분

호주상자해파리 🧪🧪🧪

최강 독을 지닌 해파리예요. 한 마리가 사람 60명 이상을 죽음에 이르게 할 만큼 강력하다고 해요. 촉수에 닿으면 자포에서 독침을 발사해요.
- 키드로피디과　● 3m
- 인도양 남부~오스트레일리아 서해안　● 자포

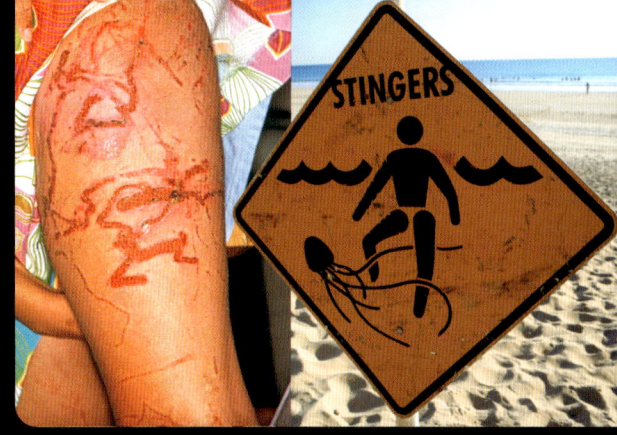

▲ 왼쪽 사진은 호주상자해파리의 촉수에 닿은 사람의 다리예요. 닿은 부분은 문드러져요. 이 해파리가 출몰하는 바다에서는 오른쪽 사진처럼 주의를 알리는 간판이 있어요.

마우이바위모래말미잘(일본명) 🧪🧪🧪

학명은 'Palythoa toxica(팔리토아 톡시카)'이며, 동물계에서 가장 강한 독을 지녔어요. 체내에 있는 팔리톡신이라는 독은 복어가 지닌 독의 70배로 일컬어져요. 하와이에서는 예전에 이 독을 창에 발라 이용했어요.
- 바위모래말미잘과(일)　● 3.5cm
- 하와이 제도의 바다　● 독

작은부레관해파리 🧪🧪🧪

고깔해파리라고도 해요. 쏘이면 감전된 듯한 고통이 느껴져요. 촉수에 독침이 든 자포가 있어 사람이 사망하는 사고도 일어나고 있어요. 촉수를 늘리면 10m에 달하기도 해요.
- 부레관해파리과　● 10m
- 전 세계 온대·열대 바다
- 자포

Q 독으로 먹잇감의 숨통을 끊는 생물도 있나요?

A 독을 지닌 바다 생물 중에는 101쪽의 파란선문어처럼 독을 사용해 먹잇감을 사냥하는 개체도 있어요. 주로 해파리나 조개 무리 중에 많아요. 사람을 죽일 정도의 독을 지닌 생물도 있으니 바다에서 마주하면 만지지 않도록 해요.

대보초청자고둥 🧪🧪🧪

치설이라고 불리는 독 가시를 먹잇감에 찔러, 움직이지 못하게 된 것을 통째로 삼켜요. 독이 아주 강해서 사람이 사망하는 사고도 일어나고 있어요.
- 청자고둥과　● 10cm
- 태평양, 인도양　● 치설

▼ 독침으로 먹잇감을 노리는 청자고둥과 생물.

위험생물이 혹시 대결한다면 ④
백상아리 vs. 범고래

영화 '죠스'에 등장하는 거대한 식인 상어의 모델인 백상아리는 대표적인 바다의 위험생물이에요. 또 고도의 지능을 가졌으며 사육사 등을 공격하기도 하는 범고래도 실은 무서운 사냥꾼이에요. 백상아리와 범고래가 만난다면 어느 쪽이 셀까요?

	크기	무게	속도
범고래 👑	8m	7200kg	시속 48km
백상아리	6.5m	2300kg	시속 24km

⚠️ 이 페이지는 야생에서는 좀처럼 관찰되지 않는 위험생물끼리의 대결을 시뮬레이션한 페이지예요. 대결 결과는 생각할 수 있는 예시 중 하나이며, 항상 똑같은 결과를 보장하는 건 아니에요.

백상아리 vs. 범고래 승패 포인트

백상아리

물범이나 물개, 돌고래 등 바다의 포유류나 물고기를 먹이로 삼아요. 고래 사체를 먹기도 해요. 새끼일 때는 다른 커다란 상어에게 먹히기도 하지만 성장하면 천적이 거의 없어요. 잘 모르는 것은 물어뜯어 먹이인지 확인하는 습성이 있어요.

예리한 이빨과 후각 백상아리의 뾰족한 삼각형 이빨은 칼처럼 잘 들어요. 강력한 턱으로 물어뜯고, 먹잇감의 살을 잘라 내죠. 100L의 물에 섞은 피 한 방울의 냄새도 감지하는 민감한 후각으로 먹잇감의 위치를 알아낼 수 있어요.

범고래

전 세계 바다에 서식해요. 거대한 몸이지만 바다에서 생활하는 포유류 중에서도 월등히 빠른 속도로 헤엄칠 수 있어요. 보통은 30마리 정도의 무리로 생활하고, 새끼는 어미로부터 사냥하는 방법을 배워요. 돌고래나 고래처럼 '클릭(음)'이라고 불리는 소리를 머리에서 만들어 먹잇감의 위치를 알아낼 수 있어요.

높은 지능과 힘 범고래는 먹잇감에 따라 전술을 고민할 수 있는 높은 지능을 지녔어요. 게다가 8m를 넘는 거대한 몸의 파워가 압도적이에요. 학명인 Orcinus orca(저승에서 온 악마)가 가리키는 대로 최강 해양 생물 중 하나로 알려져 있어요.

위험생물들이 만약 싸운다면……?

총평 범고래의 압승

백상아리도 범고래가 상대면 승산이 없을 거예요. 크기와 몸무게, 속도 등 모든 방면에서 범고래가 백상아리를 상회하고 있어요. 또 일부 상어는 몸이 뒤집히면 움직일 수 없는 습성이 있어요. 범고래는 상어의 이러한 습성을 알고 이용해 움직이지 못하게 할 수 있어요. 움직일 수 없게 된 백상아리는 너덜너덜해져 대결은 허무하게 끝나버릴 거예요. 1997년에 미국 캘리포니아 앞바다에서 범고래가 백상아리를 마무리한 모습이 기록되어 있어요. 두 마리가 만나 바닷속으로 사라진 뒤, 얼마 지나지 않아 백상아리의 사체를 입에 문 범고래가 해수면에 부상했다고 해요.

위험생물 카탈로그 — 상어 무리

상어의 특징

커다란 사냥감을 먹는 상어는 예리한 이빨로 먹잇감을 물고 살을 찢어요. 이빨은 입 안쪽을 향해 자라 있어서 물어뜯은 먹잇감을 놓치지 않는 구조예요. 턱 힘도 세 백상아리(→96페이지)의 경우 무는 힘이 약 178kg에 달한다는 연구 결과가 있어요.

갈라파고스상어

전 세계의 따뜻한 바다에서 관찰돼요. 호기심이 강해 잠수부에게 접근하기도 하며 흥분하면 위험해요. 사망 사고가 보고되고 있어요.

- 🟢 흉상어과
- 🔴 3m
- 🟣 전 세계 열대 섬의 연안
- 🔵 이빨

🟢 분류 🔴 몸 크기 🟣 주된 서식지 🔵 위험한 부분

청상아리
시속 35km로 헤엄칠 수 있는 가장 빠른 상어예요. 난폭한 성격으로, 사람을 공격하는 사고가 종종 일어나고 있어요. ●악상어과 ●4m ●전 세계 열대·온대 바다 ●이빨

악상어
체온을 높게 유지하는 특수한 몸 구조로 되어 있어서 수온이 낮은 바다에서도 활발하게 헤엄칠 수 있어요. 사람과 관련된 사고는 적지만 위험한 상어예요.
●악상어과 ●3m ●북태평양, 베링해 ●이빨

위험생물 칼럼 | 체온이 높으면 헤엄이 빠르다?

물고기는 대부분 변온 동물로, 체온이 주변 수온과 비슷해요. 하지만 참치나 청상아리, 악상어, 백상아리 등의 일부 상어는 주변 수온보다 5~15℃나 높은 체온을 지녔어요. 체온이 높으면 근육 활동이 왕성해져요. 그래서 체온이 높은 상어는 다른 물고기에 비해 빠르고 더 긴 거리를 헤엄칠 수 있어요.

뱀상어
백상아리에 이어 사람과 관련된 사고가 많은 상어예요. 얕은 여울을 헤엄치므로 잠수나 서핑할 때 특히 주의해야 해요. ■흉상어과 ■4m ■전 세계 열대·아열대 바다 ■이빨

위험생물 카탈로그 — 상어 무리

산호상어
그레이리프상어라고도 하며, 산호초 바다에서 관찰돼요. 호기심이 강해 잠수부에게 접근하는 일이 있어요. 등을 굽혀 위협하는 습성이 있어요.
■흉상어과 ■2.6m ■인도양, 서태평양, 홍해의 열대·아열대 연안 ■이빨

산호상어

위험 포인트!
등을 굽히는 자세는 '이 이상 다가오면 공격한다'라고 알리는 신호이므로 가까이 가면 안 돼요.

무태상어
재빠르게 헤엄치는 활발한 상어예요. 사망 사례는 없지만, 오스트레일리아나 뉴질랜드에서는 해수욕객이 공격당하는 사고가 일어나고 있어요. ■흉상어과 ■3.3m ■전 세계 온대 바다 ■이빨

■분류 ■몸 크기 ■주된 서식지 ■위험한 부분

흑단상어 🤜🤜
무리 지어 다니는 물고기를 공격하는 습성이 있어요. 겁쟁이라 잠수부에게는 다가가지 않아요. 하지만 서핑하는 사람을 공격하는 사고가 일어나고 있어요.
🟢 흉상어과　🔴 2.5m　🟣 전 세계 열대·아열대 연안　🔵 이빨

황소상어 🤜🤜🤜
얕은 바다나 하구, 아마존강 등의 큰 강에 서식하고 있어요. 사람과 마주하는 일이 잦아서 사고가 자주 일어나는 가장 두려운 상어 중 하나예요.
🟢 흉상어과　🔴 3.4m
🟣 전 세계 열대·온대의 얕은 바다나 하구　🔵 이빨

실은 온화한 거대 상어

상어는 물고기 중에서도 가장 거대하게 자라요. 그중에서도 백상아리나 뱀상어가 특히 큰 종이지만 그보다 더 큰 상어도 있어요. 커다란 몸과는 어울리지 않지만, 작은 플랑크톤을 먹고 살아가는 온화한 상어들이에요.

돌묵상어
드물게 몸길이 10m에 달하기도 해요. 움직임이 느리고 가까이 다가가도 잘 경계하지 않기 때문에 배와 충돌하는 사고가 일어나기도 해요.

넓은주둥이상어
커다란 입을 지닌 몸길이 5m의 상어예요. 낮에는 수심 200m 정도의 심해에서 생활하고 밤에 해수면 근처로 올라와요.

고래상어
몸길이 12m에 달하는 전 세계에서 가장 큰 물고기예요. 바닷물째 플랑크톤을 빨아들여요. 실수로 잠수부를 빨아들인 적이 있어요.

위험생물 카탈로그 **상어 무리**

더스키상어
전 세계의 따뜻한 바다에 서식하는 흉상어류예요. 사고는 몇 건 안 되지만 대형 상어이므로 공격당하면 목숨을 잃을 수 있어요.
●흉상어과 ●4m ●전 세계 열대·온대 바다 ●이빨

흑기흉상어
산호초 바다에서 가장 평범하게 관찰되는 소형 상어예요. 겁쟁이라서 크게 위험하진 않지만 드물게 물리는 사고가 일어나고 있어요.
●흉상어과 ●1.8m ●태평양~인도양의 열대·아열대 바다 ●이빨

은지느러미상어
산호초 바다에 서식하는 상어예요. 사망 사고는 없지만, 호기심이 강해 잠수부에게 다가가기도 하므로 주의가 필요해요. ●흉상어과 ●3m ●태평양, 대서양, 인도양의 열대 바다 ●이빨

상어의 이빨 모양은 제각각

상어의 이빨은 하나가 빠지면 한 열이 통째로 빠지고, 새 이빨 열이 앞으로 나와 다시 생겨나는 구조예요. 이빨 모양은 크게 네 종류로 나뉘어요.

◀대서양수염상어 등 주로 조개나 게를 먹는 상어의 이빨은 평평하고 잔뜩 모여 있어요. 딱딱한 껍질을 부수기 쉬운 구조예요.

◀청상아리 등 주로 작은 물고기를 잡아먹는 상어의 이빨은 바늘 같은 구조로 되어 있어요. 가늘고 미끌미끌한 먹잇감을 붙잡기 쉬워요.

◀백상아리 등 주로 커다란 먹잇감을 먹는 상어의 이빨은 삼각형으로 가장자리가 톱니처럼 들쑥날쑥해요. 살을 찢기 쉬운 구조예요.

◀고래상어나 돌묵상어 등 플랑크톤을 먹는 상어는 작은 이빨을 무수히 갖고 있지만, 먹이를 통째로 삼키기 때문에 그다지 이빨을 쓰지 않아요.

장완흉상어 🦈🦈🦈

육지에서 멀리 떨어진 바다에서 생활해요. 먼바다에 서식하기 때문에 사망 사고는 적지만, 배가 침몰해서 바다에 표류한 인간을 공격해 잡아먹었다는 얘기가 있어요.
🟩흉상어과 🟥4m 🟪전 세계 열대·온대 바다 🟦이빨

백기흉상어 🦈

화이트팁리프샤크라고도 해요. 무리를 짓는 경우가 많고, 낮에는 산호나 바위틈에서 휴식을 취하고 밤이 되면 활동해요. 얌전한 상어지만 자극하면 공격하기도 해요. 🟩흉상어과 🟥2m
🟪태평양, 인도양의 열대 바다, 홍해 🟦이빨

스피너상어 🦈🦈

얕은 바다에 서식하는 상어예요. 재빠르게 헤엄치며, 회전하면서 물고기 무리를 쫓는 습성이 있어요. 흥분하면 사람에게 위해를 가하기도 해요. 🟩흉상어과 🟥3m
🟪동태평양을 제외한 전 세계의 열대·온대 바다 🟦이빨

위험생물 카탈로그 상어 무리

레몬상어
몸 색깔이 누르스름해 이러한 이름이 붙여졌어요. 흥분하면 사람에게 위해를 가하기도 하지만 성격은 온화해요.
●흉상어과 ●3m ●동태평양·대서양의 열대·온대 바다
●이빨

청새리상어
주로 먼바다에 서식하는 상어로 긴 가슴지느러미가 특징이에요. 공격적이라 많은 사고를 일으키고 있어요. 말린 상어 지느러미 등의 식재료로 쓰이고 있어요.
●흉상어과 ●4m ●전 세계 열대·온대 바다 ●이빨

홍살귀상어
살의 색이 붉어 이러한 이름이 붙여졌어요. 해저의 게나 가오리 등을 먹는 습성이 있고, 맹독 가시를 지닌 노랑가오리도 아무렇지 않게 먹어 치워요.
●귀상어과 ●4m ●전 세계 열대·온대 바다 ●이빨

모래뱀상어
이빨이 드러난 무서운 얼굴을 하고 있지만, 성격은 온화한 상어예요. 하지만 흥분하면 사람을 공격하기도 해요. ●치사상어과 ●3m
●전 세계 열대·온대 바다(동태평양 제외) ●이빨

전기로 먹잇감을 감지

상어의 머리 부분에는 작은 구멍이 모여 있어요. 이는 '로렌치니 기관'이라고 불리는 것으로, 물고기 등 먹잇감의 몸에서 나오는 전기를 감지하는 센서예요. 상어는 모습이나 냄새 외에도 전기를 통해 먹잇감을 찾으러 다닐 수 있는 거죠.

▲먹잇감의 전기를 감지하는 이미지 그림이에요. 상어는 이러한 방법으로 모래 속에 숨은 새우 등을 찾아낼 수 있어요.

▲홍살귀상어의 머리 부분. 작은 구멍이 로렌치니 기관이에요. 귀상어는 로렌치니 기관이 특히 발달한 것으로 알려져 있어요.

●분류 ●몸 크기 ●주된 서식지 ●위험한 부분

요주의! 중대 사고가 많은 상어 TOP 3

상어는 위험한 생물로 여겨지기 쉽지만, 약 490종 정도 존재하는 상어 중 사람에게 위해를 가하는 건 백상아리, 뱀상어, 황소상어 등의 약 30종 정도뿐이에요. 상어 사고의 대부분은 서핑과 같은 수상 스포츠를 즐길 때 발생해요.

1580년부터 2021년 3월까지의 중대 사고 건수 플로리다 자연사 박물관 사이트로부터

뱀상어 : 34건

백상아리 : 52건

황소상어 : 25건

괭이상어

해저에 서식하면서 거의 움직이지 않는 얌전한 상어이지만, 등지느러미의 앞 가시에 약한 독이 있어요.

- 괭이상어과
- 1.2m
- 한국, 일본, 동중국해, 서해
- 독 가시

◀알은 드릴 같은 모양으로, 바위에 걸려서 쓸리기 어려운 구조예요.

칠성상어

다른 종 상어나 물범, 돌고래 등의 커다란 동물을 먹잇감으로 삼아요. 수족관에서 사육하던 칠성상어가 사람을 공격했던 적이 있어요.

- 신락상어과
- 3m
- 전 세계 온대 바다
- 이빨

대서양수염상어

너스상어로도 불려요. 낮에는 얕은 여울의 바위 뒤에서 휴식을 취하고 밤이 되면 활동해요. 흥분하면 공격하며 무는 힘이 강해서 중상을 입을 수 있어요.

- 너스상어과
- 3m
- 동태평양, 대서양의 열대·아열대 바다
- 이빨

누구 독이 가장 셀까?
세계의 맹독 생물 랭킹

일부 생물은 먹잇감을 사냥하기 위해, 또는 몸을 지키기 위해 맹독을 지니고 있어요. 독에는 대량 출혈을 일으키는 '출혈독', 몸을 마비시키는 '신경독', 출혈독이나 신경독이 섞인 '혼합독' 등이 있어요. 여기에서는 독의 강도만을 비교한 맹독 생물 순위를 소개해요.

여기에서는 청산가리를 표준으로 삼고 있어요.

청산가리
- 치사량 10mg/kg
- 1배

독극물로 유명한 청산가리를 표준으로 삼고 있어요. 청산가리의 치사량은 10mg/kg이에요. 이 청산가리를 1로 하고 맹독 생물들이 몇 배의 독을 지녔는지 확인해 볼게요.

▲동부다이아몬드방울뱀의 엄니에서 흘러나오는 독액. 독은 혈관을 파괴하여 대량으로 출혈을 일으키는 '출혈독'이에요.

그 유독 생물의 랭킹은 과연?

독으로 유명한 유독 생물들의 독은 어느 정도로 셀까요? 독의 강도만으로 비교해 보면, 실은 TOP 30에도 들기 힘들어요.

No.50 타란툴라류 (혼합독)
- 치사량 56.0mg/kg
- 0.2배

타란툴라류는 독거미로 유명하지만, 독이 약해 사람을 죽일 정도는 아니에요.

No.41 말벌류 (혼합독)
- 치사량 2.5mg/kg
- 4배

독은 강하지 않지만 두 번째로 쏘였을 때 일어나는 '아나필락시스' 반응으로 매년 사망자가 나오고 있어요.

No.4 황금독화살개구리 (신경독)
- 치사량 0.005mg/kg
- 2,000배

이 개구리의 독을 바른 화살을 맞으면 순식간에 마비가 와요.

No.37 킹코브라 (신경독)
- 치사량 1.7mg/kg
- 6배

독뱀 중에서는 그다지 강한 독이 아니에요. 하지만 독액을 대량 주입하기 때문에 사망률이 75%에 달해요.

No.35 일본살무사 (출혈독)
- 치사량 1.5mg/kg
- 7배

일본을 대표하는 독뱀이에요. 주입하는 독의 양은 많지 않지만 매년 10명 정도가 사망하고 있어요.

No.10 내륙타이판 (신경독)
- 치사량 0.025mg/kg
- 400배

물리면 성인도 45분 이내에 사망해요.

No.9 파란선문어 (신경독)
- 치사량 0.02mg/kg
- 500배

한번 물면 내뿜는 독으로 사람 7명을 죽음에 이르게 할 정도예요.

※치사량은 '반수 치사량'이라고 불리는 수치예요. 독을 주입당한 동물의 절반(50%)이 사망하는, 체중 1kg에 대한 독의 양을 말해요. 청산가리를 예로 들면, 치사량은 10mg/kg이므로

신경독 No.1
마우이바위모래말미잘

치사량	0.0001mg/kg
100,000배	

독을 지닌 생물 중에서 최강이에요. 청산가리의 10만 배에 달하는 맹독을 지녔어요.

No.3 두건피토휘 (신경독)

치사량	0.002mg/kg
5,000배	

10mg의 독을 쥐에게 주입하면 20분도 버티지 못하고 사망해요.

No.2 호주상자해파리 (혼합독)

치사량	0.001mg/kg
10,000배	

오스트레일리아에서는 쏘인 아이가 1시간도 안 돼 사망하는 사고가 일어나고 있어요.

No.8 대보초청자고둥 (신경독)

치사량	0.012mg/kg
830배	

작은 물고기는 몇 초, 사람은 몇 시간 만에 목숨을 잃게 할 정도로 위험한 독을 지녔어요.

No.7 캘리포니아영원 (신경독)

치사량	0.01mg/kg
1,000배	

몸을 지키기 위해 피부나 근육, 혈액에 강렬한 독이 있어요.

No.6 반시뱀해파리(일본명) (혼합독)

치사량	0.008mg/kg
1,250배	

일본 오키나와 바다에 서식하고 있어요. 어린아이가 쏘여 사망하는 사고가 일어나고 있어요.

No.5 애어리염낭거미 (신경독)

치사량	0.005mg/kg
2,000배	

독의 강도는 강렬하지만 주입하는 양이 적기 때문에 사망 사례는 없어요.

체중 50kg인 사람에게는 500mg(10mg×50〈체중〉)을 주입했을 때 10명 중 5명이 사망한다고 추정해요.

강과 물가의 위험생물

강, 물가에는 풀이 무성하고 물도 풍부해요. 그래서 다양한 생물이 먹이나 물을 구하기 위해 모여들어요. 하마나 악어 등의 거대하고 포악한 동물 외에도, 독이나 전기 등 특수한 능력을 지닌 작은 동물들도 조심해야 해요.

강과 물가의 위험생물

하마

낮에는 물에 들어가 쉬고, 밤이 되면 육지에서 풀을 먹어요. 커다란 입은 사람의 등뼈를 부러트릴 정도로 강하기 때문에 하마에게 다가가는 건 아주 위험한 행동이에요. ●하마과 ●4.3~5.2m, 3.0~4.5t ●사하라 사막 이남 아프리카 ●거대한 입

하마는 영역을 표시하기 위한 목적으로 꼬리를 흔들며 똥을 뿌리는 습성이 있어요.

Q 하마는 언제 포악해지나요?

A 사실 하마는 포악한 생물이에요. 특히 번식기에 공격적으로 변한다고 해요. 수컷은 각자 영역을 지니고 있어 침입하는 동물을 격하게 공격해요. 악어나 사자조차 쫓겨날 정도예요. 새끼를 갓 낳은 암컷은 수컷보다 훨씬 성격이 포악해진다고 해요.

●분류 ●몸 크기 ●주된 서식지 ●위험한 부분

위험생물 칼럼 · 아프리카의 위험한 생물

아프리카에서는 하마에 의한 사망 사고가 많이 일어나요. 특히 하마가 풀을 먹으러 육지로 오는 밤은 새카만 어둠 속이기 때문에 무심코 하마에게 접근하는 사고가 발생해요. 압도적인 힘과 시속 40km로 달리는 속도를 갖춘 하마는 가장 위험한 생물로 알려져 있어요.

▲공원 관리인이 식사 중인 하마를 자극해 쫓기고 있어요.

포유류 중에서도 가장 큰 턱으로 악어도 잡을 수 있어요.

강과 물가의 위험생물

돌출된 이빨이 늘어서 있는 피라니아의 입. 이빨은 예리하고 턱도 강력해 주의가 필요해요.

레드피라니아

붉은배피라니아라고도 해요. 물고기나 동물의 사체에 몰려드는 육식 물고기예요. 실은 겁이 많은 성격이라 사람을 갑자기 공격하진 않아요.

- 카라신과 ● 25cm
- 아마존강과 그 지류 ● 이빨

칸디루

아마존강에 서식하는 소형 메기류의 총칭이에요. 먹이인 물고기의 아가미를 통해 몸 안으로 들어가 살을 먹어 치워요. 인간의 몸에도 들어갈 수 있다고 하는데 사실인지는 확인되지 않았어요.

- 흡혈메기과 ● 58mm
- 아마존강 ● 입

◀양의 사체에 몰려드는 레드피라니아 무리. 큰 동물이어도 순식간에 뼈만 남아요.

● 분류 ● 몸 크기 ● 주된 서식지 ● 위험한 부분

북아메리카수달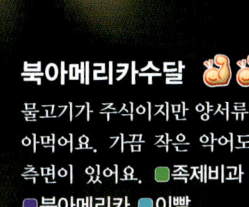

물고기가 주식이지만 양서류나 거북이, 가재 등도 잡아먹어요. 가끔 작은 악어도 공격하여 먹는 사나운 측면이 있어요. ■족제비과 ■55~80cm, 5~14kg ■북아메리카 ■이빨

Q 귀여운 얼굴이지만 위험하다고요?

A 수달과 비버는 귀엽게 생겼지만 주의가 필요한 동물이에요. 수달 중에서 가장 큰 자이언트수달은 북아메리카수달에 비해 몇 배나 크고, 때로는 재규어 등과 싸우는 난폭한 일면도 있어요. 비버는 사람의 몸을 뚫는 강력한 이빨을 지녔으며 경계심이 강해 가까이 다가오는 생물을 공격해요. 사람이 사는 장소와 서식지가 가까워서 사람이 비버를 자극해 공격당하는 사고가 일어나고 있어요.

자이언트수달

큰수달이라고도 하며, 3~10마리의 무리를 지어 생활해요. 주식은 물고기이지만 때로는 악어나 아나콘다처럼 큰 생물을 집단으로 공격해 잡아먹기도 해요. 천적인 동물은 거의 없고, 영역에 들어온 재규어를 쫓아내는 모습도 목격되고 있어요.
■족제비과 ■150~180cm, 22~32kg ■남아메리카 ■이빨

유럽비버

직경 10cm 정도인 나무는 몇 분 안에 갉아 없앨 정도로 강력한 이빨과 턱을 지녔어요. 위험이 닥쳤을 때 맹렬하게 공격해요. 사람이 사망한 사례도 있을 정도예요. ■비버과 ■73~135cm, 13~35kg ■유럽~러시아 중부 ■이빨

자라

인가 근처의 강이나 연못에서 볼 수 있어요. 목이 길어 방심하면 물릴 수 있어요. 무는 힘이 세서 한번 물면 좀처럼 놓지 않아요. ■자라과 ■30~35cm ■한국, 일본, 동아시아~동남아시아 ■물기

물장군

일본에서 가장 큰 수생 곤충이에요. 눈앞에 나타난 물고기나 개구리를 잡아 입으로 소화액을 주입하고, 녹은 살을 빨아 먹어요. 잡으면 쏘여서 심한 고통이 올 수 있어요.
■물장군과 ■48~65mm ■한국, 일본 ■입

> 물장군은 눈앞에 온 것이라면 뭐든 공격해요. 무려 살무사를 습격하는 모습도 목격되고 있어요.

늑대거북

등껍질 길이가 50cm에 달하는 큰 거북이에요. 먹잇감을 발견하면 재빨리 물어뜯어요. 턱 힘이 강력해서 사람이 물리면 크게 다칠 위험이 있어요. ■늑대거북과 ■40~50cm ■캐나다 남부~아메리카 동부 ■물기

숨어서 먹잇감을 기다린다 잠복

강과 물가의 위험생물

⚠️ 고미야 원장의 체크 포인트

물가에서 가장 신경 써야 하는 생물 중 하나가 바로 나일악어나 아나콘다 등의 대형 파충류예요. 수중에서 매복하다가 물을 마시러 온 생물에게 천천히 접근하고 순식간에 덮치죠.

나일악어 🐊🐊🐊

몸이 큰데도 재빠르게 움직이며 성질이 난폭한 악어예요. 나일악어가 있는 걸 눈치채지 못하고 물가에 다가간 사람이 공격당하는 사고가 일어나고 있어요.

🟢 크로커다일과 🟠 4~5m 🟡 아프리카, 마다가스카르 🔵 이빨, 턱 힘

🟢 분류 🟠 몸 크기 🟡 주된 서식지 🔵 위험한 부분

Q 얼마나 물속에 잠수할 수 있나요?

A 악어는 체내의 산소를 낭비 없이 쓸 수 있는 특수한 심장을 지녀, 길게는 2시간이나 잠수할 수 있다고 해요. 물속에 잠수해 몸을 숨기고, 수면에 코와 눈만 내놓은 채 먹잇감의 모습을 지켜봐요.

Q 어떻게 먹잇감을 먹나요?

A 악어는 사자 등의 포유류처럼 먹잇감을 잘게 잘라 먹을 수 없어요. 그 때문에 얼룩말이나 누 같은 큰 먹잇감의 경우, 문 채로 몸을 회전시키는 '데스롤'이라는 기술로 통째로 삼킬 수 있는 크기로 자른 후 먹어요.

강과 물가의 위험생물

오리노코악어
남아메리카 오리노코강에 서식하는 악어에요. 아메리카 대륙에 서식하는 악어 중 가장 크요. 때로는 사람을 공격하기도 해요. 서식 개체 수가 적어 멸종이 우려되고 있어요.
- 🟢 크로커다일과　🔴 5m　🟣 오리노코강
- 🔵 이빨, 턱 힘

악어거북
입안의 지렁이 같은 혀로 물고기를 유인하여 다가오면 순식간에 집어삼켜요. 무는 힘이 강해 무심코 손을 댔다간 손가락을 잘릴 위험이 있어요. 일본에서는 늑대거북과 마찬가지로 사육했던 개체가 야생화되어 문제가 되고 있어요.
- 🟢 늑대거북과　🔴 60~80cm
- 🟣 북아메리카 동부　🔵 턱 힘

🟢 분류　🔴 몸 크기　🟣 주된 서식지　🔵 위험한 부분

대형 개체는 사진처럼 상어를 덮쳐 잡아먹기도 해요.

인도악어

나일악어에 버금가는 대형 악어로, 바다악어라고도 불려요. 맹그로브가 무성한 하구나 해안가에 서식하며 해류에 올라 장거리를 이동할 수 있어요. 성질이 난폭해서 사람을 공격하기도 해요. ■크로커다일과 ■5~6m
■동남아시아, 오스트레일리아 북부 ■이빨, 턱 힘

인도악어는 해류를 타고 멀리까지 이동하는 일이 있어요. 그래서 인도악어는 인도에서 오스트레일리아까지 넓은 지역에 걸쳐 볼 수 있어요.

인도악어의 이동 범위는 매우 넓어요. 옛날에는 일본에 표착한 적도 있다고 해요.

세계에서 가장 큰 악어 '로롱'

2011년, 필리핀에서 한 마리의 인도악어가 포획되었어요. '로롱'이라고 이름 지어진 악어는 사람 2명을 잡아먹은 것으로 추정되는 식인 악어로, 몸길이가 6.17m에 달했어요. 포획된 악어 중에서 가장 커서 기네스북 세계 기록으로 인정됐지만, 2013년에 원인 불명의 병으로 사망했어요.

최대 10m를 넘는다고 하며, 큰 개체는 사람을 졸라서 죽인 후 잡아먹기도 해요.

악어와 마찬가지로 아나콘다도 물속에서 매복한 채 먹잇감을 기다려요.

아나콘다

세계에서 가장 몸무게가 많이 나가는 뱀으로, 100kg을 넘기도 해요. 악어 등의 먹잇감을 강렬한 힘으로 사냥해 잡아먹어요. 보아과 6~9m 남아메리카 북부 조르기

짜릿한 충격! 발전 생물

강과 물가의 위험생물

> ⚠️ **고미야 원장의 체크 포인트**
>
> 전기뱀장어나 전기메기는 강력한 전기를 일으킬 수 있어요. 한국의 가정에서 송신하는 전기의 전압이 보통 220볼트인데, 이들 물고기는 그보다 월등하게 높은 전압을 발생시킬 수 있어요.

최고 전압 800 V

전기뱀장어

야행성이며 거대한 장어 형태의 물고기예요. 최고 800볼트의 전기로 적을 감전시킬 수 있어요. 사람이나 말이 강을 건널 때 몸을 밟는 바람에 감전되는 사고가 발생하고 있어요.

전기뱀장어는 발생시킨 전기로 먹잇감의 위치를 알아낼 수도 있어요.

- 전기뱀장어과
- 1.8m
- 아마존강, 오리노코강
- 전기

▲전기뱀장어가 발생시킨 전기는 커다란 악어도 감전사시킬 정도로 강력해요.

● 분류 ● 몸 크기 ● 주된 서식지 ● 위험한 부분

최고 전압 450V

전기메기
탁한 강에 서식하며 먹잇감을 사냥하거나 방향을 찾을 때 전기를 활용해요. 전압은 최고 450볼트로, 전기뱀장어를 잇는 강력함을 자랑해요.

■전기메기과 ■30cm 이상 ■아프리카 ■전기

바다에도 서식하는 발전 생물

발전(發電)한 전기로 먹잇감을 사냥하거나 찾는 물고기는 전기뱀장어, 전기메기 등 강에 서식하는 물고기가 대부분이에요. 하지만 바다에 서식하는 대서양토르페도도 전기를 일으켜 그것으로 먹잇감을 잡거나 적으로부터 몸을 보호하기 위해 사용하고 있어요. 사진에 있는 대서양토르페도는 최고 220볼트 전압의 전기를 발생시킬 수 있다고 해요.

▲고대 그리스에서는 두통을 가라앉히기 위해 대서양토르페도의 전기 충격이 사용되었다고 해요.

최고 전압 220V

만지면 위험! 독으로 무장한 생물

강과 물가의 위험생물

> ⚠️ **고미야 원장의 체크 포인트**
>
> 물가에 서식하는 개구리 중에는 한 마리가 사람 열 명의 목숨을 앗아 갈 정도로 강력한 독을 지닌 종이 있어요. 그 밖에도 피부에 닿으면 문드러지는 특수한 가스로 몸을 보호하는 곤충 등이 서식하므로 함부로 만지지 않도록 주의해야 해요.

황금독화살개구리 🧪🧪🧪

'바트라코톡신'이라는 강한 독을 지녔어요. 적은 양이 몸에 들어가는 것만으로 사람을 죽음에 이르게 할 정도인 맹독이에요. 독은 먹이에서 얻는 것으로 생각돼요.
- 🟢 독개구리과　🔴 4.5~4.7cm　🟣 콜롬비아
- 🟢 피부의 독

일본장수도롱뇽 🧪

일본에서 가장 큰 양서류예요. 물고기가 다가오면 눈에 보이지 않는 속도로 재빨리 낚아채요. 얌전한 성격이지만 잡으려고 하면 물기도 해요.
- 🟢 장수도롱뇽과　🔴 60~150cm
- 🟣 일본　🟢 입

> 놀라면 몸에서 독이 있는 하얀 점액을 내뿜어요.

🟢 분류　🔴 몸 크기　🟣 주된 서식지　🟢 위험한 부분

◀ 눈 뒤쪽에서 하얀 독액을 뿜어요. 사람의 몸 안에 들어오면 심한 고통이 일어나요.

커먼쟁기발개구리 🧪
학명은 'Pelobates fuscus'예요. 적에게 공격당하면 몸에서 마늘 같은 냄새를 풍겨요. 또, 몸을 부풀리고 새된 울음소리로 위협해요.
🟢 쟁기발개구리과 🟥 6.5~8.0cm 🟪 유럽 🟦 냄새

수수두꺼비 🧪🧪🧪
눈 뒤쪽 부분에 독을 저장하는 주머니가 있어요. 적에게 공격당하면 이 주머니에서 독을 뿜어 몸을 보호해요. 일본에서는 수입된 개체가 야생화되어 있어요. 🟢 두꺼비과 🟥 15~20cm 🟪 북아메리카 남부~남아메리카 북부 🟦 독

청개구리 🧪
가장 친숙한 개구리예요. 실은 피부에 약한 독이 있어요. 이 개구리를 만진 손으로 눈을 비비면 붓기도 해요.
🟢 청개구리과 🟥 4cm 🟪 한국, 일본, 러시아 동부~중국 북부 🟦 독

강과 물가의 위험생물

▲오리너구리는 주둥이로 먹잇감의 몸에서 나오는 전기를 감지할 수 있어요.

독 가시를 지닌 담수어

스톤피시나 쏠배감펭 등 바다에는 독 가시를 지닌 물고기가 잔뜩 서식하고 있어요. 강이나 호수에도 독 가시를 지닌 위험한 물고기가 있지요. 일본의 경우 동자가사리, 기기 등이 잘 알려져 있고, 등지느러미나 가슴지느러미에 독 가시를 지녔어요. 사람의 목숨을 빼앗을 정도로 강력한 독은 지니지 않았지만, 심하게 아픈 것도 있으므로 주의가 필요해요.

▲독 가시를 지닌 동자가사리.

▲일본 비와호 서쪽에 서식하는 기기(일본명, 동자개의 친척). 가슴지느러미를 움직여 '기긱' 하는 소리를 내요.

파이어 샐러맨더 🧪🧪

적에게 공격당하면 눈 뒤쪽에 있는 혹에서 하얀 독액을 내뿜어 몸을 지켜요. 불도롱뇽이라고도 불려요.
- 🟢영원과 🔴15~25cm
- 🔵유럽 🔵독

폭탄먼지벌레 🧪

적에게 공격당하면 다리에서 100℃ 이상에 달하는 고온 가스를 분사해 몸을 보호해요. 화상을 입을 가능성이 있어 맨손으로 만지는 건 위험해요.
- 🟢딱정벌레과 🔴11~18mm
- 🔵한국, 일본 🔵고온 가스

오리너구리 🧪

알을 낳는 원시적인 포유류예요. 뒷발에 독이 나오는 발톱이 있으며 수컷끼리 싸울 때 사용해요. 사람이 사망한 사례는 없지만, 개가 죽은 사례가 있어요. 🟢오리너구리과 🔴45~60cm
- 🔵오스트레일리아 동부, 태즈메이니아섬
- 🔵며느리발톱

캘리포니아영원 🧪🧪🧪

맹독인 테트로도톡신을 몸에 지녔어요. 위험을 감지하면 몸을 젖히고 턱 뒤나 꼬리 뒤쪽의 오렌지색을 드러내 독이 있다는 걸 적에게 알려요.
- 🟢영원과 🔴13~20cm 🔵아메리카·캘리포니아주 🔵독

▲수컷들의 뒷발에는 독이 나오는 며느리발톱이 있어요. 독을 지닌 포유류는 적고, 오리너구리나 땃쥐 등 일부 종뿐이에요.

청딱지개미반날개 🧪

밭 등의 습한 장소에 서식해요. '화상벌레'라고도 불리며, 체액이 피부에 닿으면 화상을 입은 것처럼 붉게 부풀고 문드러지니 찌부러뜨리면 안 돼요.
- 🟢반날개과 🔴6.5~7.0mm
- 🔵한국, 일본 🔵체액

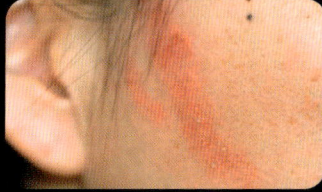

▲증상은 며칠 후 나타나요. 나을 때까지 1주일 이상이 걸려요.

위험생물이 혹시 대결한다면⑤
오리노코악어 VS. 아나콘다

아마존의 물가에는 수많은 위험생물이 모여 있어요. 그중에서도 아메리카 대륙 최대의 포식자로 명성이 높은 오리노코악어와 아나콘다의 파충류 대결을 지켜볼까요?

⚠️ 이 페이지는 야생에서는 좀처럼 관찰되지 않는 위험생물끼리의 대결을 시뮬레이션한 페이지예요. 대결 결과는 생각할 수 있는 예시 중 하나이며, 항상 똑같은 결과를 보장하는 건 아니에요.

오리노코악어 vs. 아나콘다 승패 포인트

아나콘다 9m → 오리노코악어 5m (크기)

오리노코악어 430kg → 아나콘다 227kg (무게)

오리노코악어

악어류 중에서도 크게 자라는 종 중 하나로, 아메리카 대륙에서는 가장 큰 악어예요. 6m나 7m에 달하는 개체가 있었다는 기록이 있지만, 커도 5m 가까이 자라는 것이 대부분이라 알려져 있어요. 새끼일 때는 곤충이나 도마뱀을 먹어요. 성장하면 커다란 물고기나 카피바라 등의 포유류를 잡아먹어요.

두꺼운 비늘과 턱 악어의 몸은 두껍고 단단한 비늘로 덮여 있어요. 비늘로 덮인 오리노코악어의 몸은 높은 방어력을 자랑해요. 또 강인한 근력을 겸비한 턱으로 물어뜯어서 치명상을 입힐 수 있어요.

아나콘다

몸무게가 100kg을 넘는 세계에서 가장 무거운 뱀이에요. 몸이 아주 무거워서 육상에서는 움직임이 느리므로 주로 물속에서 매복하고 있어요. 10분 정도 물속에 숨어 있을 수 있고, 물가에 다가온 먹잇감을 덮쳐 졸라 죽여요. 죽인 먹잇감을 통째로 삼키고 오랜 시간에 걸쳐 천천히 소화해요.

강력한 근육 두껍고 긴 몸으로 먹잇감을 조여요. 먹잇감이 숨 쉴 때마다 강력한 근육으로 조여 폐를 파괴하고 질식시켜요. 다 자란 아나콘다가 한번 조르면 악어나 재규어도 간단히 도망치지 못해요.

위험생물들이 만약 싸운다면……?

총평 거의 호각이지만 아나콘다가 유리?

오리노코악어의 몸무게는 아나콘다의 약 2배에 달해 싸움에서는 유리해요. 오리노코악어는 알이나 새끼를 노리는 아나콘다를 공격해 잡아먹는 것으로 알려져 있고, 재빠르게 움직이지 못하는 아나콘다는 오리노코악어의 공격을 거의 정면으로 받게 되죠. 하지만 크기로 웃도는 아나콘다가 오리노코악어의 등 뒤에서 슬그머니 다가와 일단 휘감을 수 있다면 꽉 붙잡혀 도망가지 못할 거예요. 오리노코악어는 반격하겠지만, 아나콘다의 두껍고 긴 몸이 조금씩 죄어들겠죠. 마지막에는 아나콘다가 커다란 입을 벌려 숨이 멈춘 오리노코악어를 머리부터 통째로 삼킬 거예요.

개구리 무리

위험생물 카탈로그

딸기독화살개구리 🧪🧪
작은 독화살개구리예요. 피부에 알칼로이드라는 독성 물질이 함유돼 있어요. 독은 무당벌레나 진드기 등을 먹으면서 몸에 축적돼요.
- ●독개구리과 ●2.0~2.4cm
- ●니카라과 남동부~파나마 북서부 ●피부의 독

▲푸른 다리와 붉은 몸이 일반적이지만 초록색이나 파란색 등 개체에 따라 다양한 색이에요.

개구리의 특징 / 독
개구리의 피부는 건조함에 약해서 항상 점액을 내뿜어 촉촉하게 해요. 개구리 중에는 몸을 보호하기 위해 피부에 독이 함유된 점액을 내뿜는 종이 있어요. 소동물에게만 효과가 있는 약한 독부터 사람의 목숨을 앗아 갈 정도로 강력한 독을 지닌 종까지 다양해요. 무심결에 만지지 않도록 주의해야 해요.

그린앤블랙다트개구리 🧪🧪
서식지에 따라 몸 색깔에 차이가 있어요. 수컷은 올챙이를 등에 태우고 물가로 옮기는 습성이 있어요. 하와이에서는 모기를 퇴치하기 위해 방생되어 야생화되었어요.
- ■독개구리과 ■3.2~4.2cm
- ■니카라과 남동부~콜롬비아 북서부 ■피부의 독

범블비독화살개구리 🧪🧪
선명한 노란색이 아름다워 반려동물로 인기가 많아요. 독화살개구리 중에서도 이 종만이 여름의 건기에 휴면해요. 독은 먹잇감인 개미로부터 얻어 몸에 축적해요.
- ■독개구리과 ■3~4cm ■남아메리카 북부 ■피부의 독

> **위험생물 칼럼 — 예쁜 개구리에는 독이 있다**
> 독화살개구리는 모두 화려하고 아름다운 색을 지녔어요. 이는 피부에 독이 있으니 먹으면 위험하다고 상대방에게 경고하는 역할이 있다고 생각돼요. 덕분에 독화살개구리는 천적이 활동하는 낮에도 멀쩡히 돌아다닐 수 있어요.

코코에독개구리 🧪🧪
Phyllobates속의 독개구리 3종 중 두 번째로 강한 독을 지녀, 바람총의 독으로 이용되고 있어요. 열대 우림의 지표에 서식하고 있어요.
- ■독개구리과 ■3cm
- ■콜롬비아 ■피부의 독

블랙레그다트개구리 🧪🧪
황금독화살개구리와 마찬가지로 맹독 바트라코톡신을 피부에서 내뿜는 위험한 개구리예요. 독은 개미나 진드기 등을 섭취하여 몸에 축적돼요.
- ■독개구리과 ■3.5~4.2cm
- ■콜롬비아 ■피부의 독

염색독화살개구리 🧪🧪
가장 큰 독화살개구리예요. 개체별로 다양한 문양을 띠어요. 수컷과 암컷 모두 올챙이를 등에 태우고 물가로 옮기는 습성이 있어요.
- ■독개구리과 ■4.5~6.0cm
- ■기아나~브라질 북동부
- ■피부의 독

청독화살개구리 🧪🧪
남미 수리남의 열대 우림에 서식하는 화려한 개구리예요. DNA를 사용한 최신 연구에서는 염색독화살개구리와 같은 종이라는 설이 제기되었어요.
- ■독개구리과 ■4.0~4.8cm
- ■수리남 ■피부의 독

클라이밍만텔라

마다가스카르섬에 서식하는 만텔라 개구리예요. 나무 구멍에 생긴 물웅덩이에서 관찰돼요. 피부에 독이 있어요.
- 만텔라과 ● 3~4cm ● 마다가스카르섬 북동부 ● 피부의 독

산파개구리

수컷은 뒷다리에 알을 붙이고 부화할 때까지 지키는 습성이 있어요. 적에게 공격당하면 몸에 있는 돌기에서 고약한 독액을 내뿜어 몸을 보호해요.
- 무당개구리과 ● 4.5~5.5cm ● 독일~이탈리아, 포르투갈 ● 피부의 독

아마존밀크개구리

주로 아마존강 정글에 서식하는 청개구리류예요. 야행성이며 나무 위에서 살아요. 놀라면 몸에서 독이 있는 하얀 점액을 내뿜어요. ● 청개구리과 ● 6~10cm
- 남아메리카 북부 ● 점액

위험생물 칼럼 만텔라도 화려해요

아프리카 마다가스카르에 서식하는 만텔라도 중남미에 서식하는 독화살개구리처럼 화려한 색으로 천적에게 경고해요. 사는 장소는 멀리 떨어져 있지만, 전략은 같아요.

황금만텔라

표고 950m 정도의 서늘한 숲에 서식해요. 축축한 낙엽이 쌓인 장소에 알을 낳고, 올챙이는 물웅덩이에서 성장해요.
- 만텔라과 ● 2.0~3.1cm
- 마다가스카르섬 동부
- 피부의 독

타피차라카청개구리

2003년에 발견된, 에콰도르의 한정된 지역에만 서식하는 보기 드문 청개구리예요. 몸에서 하얀 점액을 내뿜어요.
- 청개구리과 ● 6.1~6.6cm ● 에콰도르 남부 ● 점액

범블비토드

범블비워킹토드라고도 해요. 초원에 서식하는 작은 두꺼비예요. 피부에 독이 있으며, 놀라면 몸을 뒤집고 붉은 배나 발바닥을 보여 주면서 위협하는 습성이 있어요. ● 두꺼비과 ● 2.5~4.0cm
- 브라질 남부~우루과이, 아르헨티나 북부 ● 피부의 독

● 분류 ● 몸 크기 ● 주된 서식지 ● 위험한 부분

토마토개구리 🧪
암컷은 토마토 같은 붉은색이에요. 적에게 공격당하면 몸을 부풀려 둥글게 하고, 피부에서 끈적끈적한 하얀 점액을 내뿜어 몸을 보호해요.
- 🟢 맹꽁이과 🔴 6.5~10.5cm
- 🟣 마다가스카르섬 북동부 🔵 점액

▲ 몸을 부풀려 위협하고 있어요.

남코로보리개구리 🧪
오스트레일리아 동부 산의 습지에 서식하는 작은 개구리예요. 흰개미나 개미를 잡아먹어요. 피부에는 알칼로이드 계열 독이 있어요.
- 🟢 거북개구리과 🔴 2.5~3.0cm 🟣 오스트레일리아 동부 🔵 피부의 독

서일본두꺼비 🧪
서일본에 서식하는 두꺼비예요. 눈 뒤쪽의 귀샘이나 피부에서 독이 있는 액체를 내뿜어 몸을 보호해요.
- 🟢 두꺼비과 🔴 8.0~17.6cm 🟣 일본 🔵 피부의 독

노란배두꺼비 🧪
적에게 공격당하면 몸을 활처럼 젖히고 배나 다리의 노란색이 눈에 띄는 자세로 위협해요. 피부에서 독을 내뿜어요.
- 🟢 무당개구리과 🔴 3.5~5.5cm 🟣 유럽 🔵 피부의 독

줄무늬독개구리 🧪
피부는 고무 같은 감촉이며 독이 있어요. 발견되었을 때 어느 종이었는지 한동안 수수께끼였어요.
- 🟢 맹꽁이과 🔴 6.8~7.5cm
- 🟣 아프리카 동부~남부 🔵 피부의 독

◀ 움직이는 것이 눈앞에 있으면 뭐든지 달려들어 무는 먹보예요.

아르헨티나뿔개구리 🦷
매복해 있다가 다가오는 개구리나 쥐 등을 공격해요. 이빨이 예리해서 무심코 손을 물려 다치기도 해요.
- 🟢 뿔개구리과 🔴 10~15cm
- 🟣 브라질 남부~아르헨티나 북부
- 🔵 예리한 이빨

강의 주인 총집합!
세계의 괴상한 물고기들

바다에는 커다란 물고기가 많지만, 하천이나 호수 등에 서식하는 물고기 중에서도 사람보다 훨씬 크게 자라는 종이 있어요. 또 몸집이 크지만 본 적 없는 괴상한 모습인 종도 있으며 '괴어'라고 불리기도 해요. 겉모습이 불쾌하고 위험한 세계의 괴어들을 소개해요.

◀사람과 비슷한 이빨로 나무 열매를 잘게 씹어요. 나무 열매로 착각해서 남성의 성기에 들러붙는다는 소문이 도는데, 그런 습성은 없다고 해요.

아프리카
(콩고강 주변)

골리앗타이거피시
아프리카 콩고강에 서식하는 물고기예요. 거대한 이빨로 다른 물고기를 잡아먹어요. 다행히도 사망 사례는 없지만, 사람을 공격했던 사건이 몇 건 기록되어 있어요.
- 알레스테스과 ● 1.5m, 28kg ● 이빨

남아메리카
(아마존강 주변)

파쿠
강한 턱과 특징적인 이빨로 단단한 나무 열매를 먹을 수 있어요. '파쿠'는 정식 명칭은 아니고, 이러한 특징을 지닌 여러 담수어의 총칭이에요.
- 카라신과 ● 88cm ● 이빨

Q 괴어는 사람을 공격하나요?

A 괴어라고 불리는 물고기 대부분은 사람을 먹이로 생각해 공격하지 않아요. 괴어는 스포츠 낚시의 먹잇감으로 인기가 높아요. 그 때문에 낚았을 때 이빨 또는 지느러미에 닿거나, 물리거나 해서 다치기도 해요.

파야라
카쇼로라고도 하며, 주로 작은 물고기를 잡아먹어요. 사람을 공격하진 않지만 예리한 이빨에 주의해야 해요. 식용으로 쓰이며, 수족관에서도 사육되고 있어요.
- 키노돈과 ● 1m, 17kg
- 이빨

남아메리카
(아마존강 주변)

● 분류 ● 몸 크기 ● 위험한 부분

웰스메기
유럽의 큰 강이나 호수에 서식하는 메기예요. 4m를 넘을 정도로 거대해지는 것이 특징이에요.
- 메기과
- 86~500cm, 300kg(최대)
- 물기

유럽 (중앙, 남서유럽이나 발트해, 카스피해 주변)

아프리칸 쿠베라스내퍼
바다에 사는 물고기이지만 해수와 담수가 섞이는 강 하류에도 출몰해요. 사람을 공격한 기록은 없지만, 크게 튀어나온 이빨을 지니고 있어요.
- 퉁돔과
- 1.6m(최대), 57kg(최대)
- 이빨

아프리카 (서아프리카 연안 주변)

자이언트바브
해초나 이끼를 먹으며 사는 잉어예요. '물고기의 왕'이라고도 불려요. 현재는 환경 변화와 남획으로 멸종 위기에 처해 있어요.
- 잉어과
- 3m(최대), 300kg(최대)
- 거대한 몸

동남아시아 (메콩강 주변)

짧은꼬리강가오리
평소 강 밑에 몸을 숨기고 살아가는 거대한 가오리예요. 몸에 위협을 느끼면 독침이 달린 꼬리를 휘둘러 공격해요.
- 민물가오리과
- 95cm(최대 지름), 208kg(최대)
- 독침

남아메리카 (브라질, 아르헨티나 주변)

앨리게이터가아
악어 같은 입과 이빨을 지녔어요. 북아메리카에 서식하는 물고기이지만 애완용으로 수입된 개체가 일본의 강이나 연못에서도 발견된 사례가 있어요. 예리한 이빨에 주의해야 해요.
- 가아과(일)
- 3m(최대), 159kg(최대)
- 이빨

북아메리카 (미시시피강 주변)

하늘의 위험생물

대표적인 하늘의 위험생물은 새예요. 새는 드넓은 하늘을 자유로이 날아다닐 수 있지요. 바다를 건너거나 산을 넘을 수 있어서 세계 각지에 분포해요. 조류 최대의 크기를 자랑하는 수리류 새는 예리한 발톱과 부리를 지니고 있어요. 사람을 먹잇감으로 생각해 공격하는 종은 없지만, 때에 따라서는 적으로 봐서 공격하므로 주의가 필요해요.

흰머리수리
날개를 펼치면 2m에 달하는 거대한 수리예요. 사람을 공격하진 않지만, 둥지에 접근하면 위협해요. 붙잡으면 크게 다칠 위험이 있어요.
- 수리과
- 71~96cm
- 북아메리카
- 발톱

Q 새는 어떨 때 위협이 되나요?

A 그 어떤 새도 이유 없이 사람을 공격하진 않아요. 새가 위험해지는 건 둥지의 알이나 새끼를 지킬 때예요. 그중에서도 맹금류는 예리한 발톱이나 부리를 지녀, 사람에게 상처를 입히는 경우가 있어요. 또한, 연구자가 새를 붙잡을 때 몸을 지키기 위해 반격하여 다치게 하기도 해요.

▲갈고리 모양의 부리를 먹잇감의 살에 걸어 찢을 수 있어요.

위험생물 칼럼 · 주로 물고기를 먹는 바다의 수리들

흰머리수리나 흰꼬리수리 등의 거대 수리는 해안가나 큰 호수 주변에 서식하고 있어요. 물고기를 주로 먹으며, 큰 고리 모양의 부리는 물고기의 살을 찢기 적합해요. 새나 포유류를 공격해 잡아먹기도 해요.

오른쪽 사진은 흰꼬리수리예요. 발가락으로 붙잡는 힘이 세서 먹잇감을 꽉 움켜쥘 수 있고, 예리하고 긴 발톱을 지녔어요.

수염수리

험한 산악 지대에 서식하면서 포유류의 사체를 찾아 먹어요. 먹이의 85%가 뼈일 정도로 뼈를 좋아한다는 기록이 있어요. ■수리과 ■1.0~1.2m ■유라시아 대륙 ■발톱

Q 어떻게 뼈를 부수는 건가요?

A 뼈를 먹는 수염수리는 특히 등뼈의 속을 좋아해요. 부리나 다리로 붙잡은 등뼈를 높은 곳에서 바위에 떨어트려 깨고 속에 있는 것을 먹어요.

Q 어째서 사체를 먹어도 멀쩡한가요?

A 썩은 고기에는 유독한 세균이 있어 먹으면 병에 걸릴 수 있어요. 하지만 구세계독수리나 콘도르의 소화 기관에는 세균을 죽이는 기능이 있어 썩은 고기를 먹어도 멀쩡해요.

그리폰독수리
펼치면 2m 80cm에 달하는 거대한 날개로 하늘을 날고, 동물의 사체를 찾아다녀요. 부리가 아주 날카로워 대형 동물의 두꺼운 피부도 간단히 절단할 수 있어요.
- 수리과 ■95~110cm
- 북아프리카, 지중해 연안, 서아시아 ■부리

몸을 보호하기 위해 독을 지닌 새

두건피토휘, 블루캡이프리트, 피토휘키르호세팔루스 등 뉴기니섬에 서식하는 새는 독을 통해 적으로부터 몸을 보호해요. 이 새들은 스스로 독을 만들어 내는 것이 아니라, 먹이인 곤충이 포함하고 있는 독을 체내에 저장하는 것으로 생각돼요. 실은 독을 지닌 새는 오랜 기간 존재하지 않는다고 여겨졌어요. 하지만 1990년에 새 연구를 하던 학생이 두건피토휘에게 우연히 걸려 깃털을 핥아 본 결과, 독이 있다는 것이 확인되었어요.

피토휘키르호세팔루스
깃털이나 근육에 독이 있어요. 서식하는 지역에 따라 깃털 색이나 문양이 제각각이에요. 두건피토휘를 쏙 빼닮은 개체도 있으며, 두건피토휘를 의태한 것으로 생각돼요.
- 꾀꼬리과 ■23cm ■뉴기니섬
- 깃털이나 근육의 독

블루캡이프리트
뉴기니섬의 정글에 서식하는 새예요. 두건피토휘 다음으로 맹독 바트라코톡신이 깃털이나 근육에 있다는 게 알려졌어요.
- 이프리트과
- 16~17cm ■뉴기니섬
- 깃털이나 근육의 독

두건피토휘
조류 중 가장 강한 독을 지녔어요. 깃털과 근육에 독화살개구리의 독과 비슷한 바트라코톡신이라는 신경독이 있어 만지면 손이 마비돼요.
- 꾀꼬리과 ■22~23cm
- 뉴기니섬
- 깃털이나 근육의 독

하늘의 위험생물

박쥐류는 포유류 중 유일하게 새처럼 자유롭게 하늘을 날아다녀요.

흡혈박쥐

밤에 동물을 물고 피를 핥아 먹어요. 타액에 광견병이나 병의 원인이 되는 바이러스가 포함되어 있기도 하며, 사람을 감염시킬 위험이 있어요.
- 주걱박쥐과
- 7~9cm
- 북아메리카 남부~남아메리카
- 날카로운 이빨

위험생물 칼럼 | 피를 빨지 않는 박쥐들

박쥐는 '흡혈'이라는 이미지가 있지만, 사실 피를 빠는 박쥐는 겨우 3종에 지나지 않아요. 그 중에 사람이나 소 등 포유류의 피를 빠는 종은 흡혈박쥐뿐이며, 실제로는 피를 빠는 게 아니라 핥을 뿐이에요. 감염증을 조심하면 크게 위험하지는 않아요.

날카로운 이빨로 소나 말 등에게 상처를 입히고 피를 핥아요.

머리를 밑으로 향한 채 동굴이나 나뭇가지 등에 무리 지어 매달려 있어요. 보통 100마리 정도의 무리를 짓고, 많을 때는 1,000마리 이상에 달해요.

동남아시아의 '박쥐 동굴'

동남아시아에는 박쥐가 대량 발생하고 있는 지역이 있어요. 가장 유명한 곳은 필리핀의 사말섬 동굴이에요. 180만 마리의 조프루아루세트 박쥐가 서식하고 있고, 2010년에는 기네스북에 등재되기도 했어요. 또 인도네시아 발리섬에는 '박쥐 동굴'이라고 불리는 고아라와 사원이 있고, 이곳에도 대량의 조프루아루세트 박쥐가 서식하고 있어요. 직접적인 위험은 없지만, 대량 발생한 박쥐의 분변에 의한 악취나 감염증을 조심할 필요가 있어요.

고아라와 사원의 동굴은 수많은 박쥐로 가득 메워져, 탑 지붕이 똥으로 검게 되어 있어요.

날카로운 발톱으로 마무리! 급습

⚠️ 고미야 원장의 체크 포인트

날카로운 발톱을 가지고, 먹잇감을 향해 맹렬한 속도로 달려드는 새가 있어요. 부채머리수리, 필리핀독수리, 관뿔매는 새 중에서도 특히 힘이 세고 노리는 먹잇감도 몸집이 커요. 그래서 조류 최강 3대 수리라고도 불려요. 검독수리는 사람의 아기를 납치하는 일본 텐구 전설의 기반이 된 새로도 알려져 있어요. 모두 마주칠 일은 드물지만, 무기인 다리를 조심해야 해요.

하늘의 위험생물

Q 무엇을 붙잡고 있나요?

A 먹이로 사냥한 나무늘보를 붙잡고 있어요. 부채머리수리는 나무 위에 서식하는 나무늘보나 원숭이를 100kg에 달하는 강력한 악력으로 잡아 사냥해요.

●분류 ●몸 크기 ●주된 서식지 ●위험한 부분

필리핀독수리

필리핀 정글에만 서식하는 거대한 수리예요. 원숭이 등의 동물을 먹이로 삼아요. 수가 아주 적어 멸종이 우려되고 있어요. ■수리과
■86~102cm ■필리핀 ■발톱

부채머리수리

조류 최강 수리 중 하나예요. 지름 2.5cm에 달하는 두껍고 견고한 발가락을 지녀. 정글에 서식하는 나무늘보나 원숭이를 덥석 쥘 수 있어요. ■수리과 ■89~105cm
■중앙아메리카, 남아메리카
■견고한 다리와 긴 발톱

▶길이 10cm 이상에 달하는 날카롭게 돌출된 견고한 발톱.

관뿔매

아프리카 숲에 서식하는 커다란 수리예요. 포유류가 주된 먹이로, 특히 원숭이를 잘 공격해요. 때로는 자신보다 월등하게 크고 20kg에 달하는 먹잇감을 공격하기도 해요.

- 수리과
- 80~99cm
- 아프리카 남부
- 발톱

하늘의 위험생물

검독수리를 사용한 매사냥

매사냥은 매 또는 수리를 조련하여 야생 조류나 포유류를 사냥하는 사냥 방법이에요. 오랜 역사를 자랑하며, 몽골이나 중국 등지에서는 기원전부터 행했던 방법이라고 해요. 몽골에서는 주로 암컷 검독수리를 이용해요. 큰 검독수리는 여우나 산토끼, 심지어 늑대까지도 사냥할 수 있는 능력이 있어요. 일본의 경우, 4세기 이래로 메이지 시대(1867~1912)까지 참매 등을 이용한 매사냥이 귀족과 무사를 중심으로 행해졌어요. 한국에서도 매사냥과 관련된 많은 기록이 남아 있어 매사냥 역사가 오래되었음을 알 수 있어요.

검독수리

날개를 펼치면 2m에 달하는 거대한 수리예요. 초원 등의 광활한 지역에 서식하고, 주로 산토끼를 먹이로 삼아요. ●수리과 ●75~90cm ●한국, 일본, 유라시아, 북아메리카 ●발톱

어둠 속에서 소리 없이 다가오는 암흑 사냥꾼

하늘의 위험생물

⚠️ 고미야 원장의 체크 포인트

올빼미는 어둠으로 둘러싸인 밤의 숲에서 사냥해요. 바람을 가르는 소리가 나지 않는 특수한 날개로 비행하여 먹잇감에게 들키지 않고 다가갈 수 있어요. 우리에게는 친숙한 새이지만, 사실 진짜 모습은 잘 알려진 바가 없어요. 때에 따라서는 소리 없이 다가가 재빠르게 공격을 감행해요.

▶모든 올빼미는 먹잇감을 꽉 움켜쥐기 위한 날카로운 발톱을 지녔어요.

미국수리부엉이

날개를 펼치면 1m 45cm에 달하는 올빼미예요. 쥐나 산토끼를 주된 먹이로 삼지만, 때로는 매나 다른 올빼미 등의 맹금류를 잡아먹기도 해요.

🟢 올빼미과　🔴 60cm
🟣 북아메리카~남아메리카　🔵 발톱

분류　몸 크기　주된 서식지　위험한 부분

수리부엉이

올빼미 중 가장 큰 종이에요. 조류 최강이라고도 불리며, 천적이 없어요. 산토끼나 쥐가 주된 먹이이지만, 때로는 여우나 매, 다른 올빼미도 사냥해요. 네덜란드 마을에서는 지나가는 사람을 차례차례 습격하는 사고가 일어나기도 해요.
- 올빼미과 ●70cm ●한국, 유라시아 대륙 ●발톱

Q 왜 밤에도 사냥할 수 있나요?

A 뛰어난 시력과 청력을 지녔기 때문이에요. 올빼미의 눈에는 어둠 속이어도 희미한 빛이 있으면 볼 수 있는 세포가 많아, 사람보다 100배 더 잘 보이는 시력을 지녔다고 해요. 게다가 올빼미는 청력이 고도로 발달해 있어요. 먹잇감이 내는 소리만으로도 위치를 알아낼 수 있지요.

Q 올빼미가 정말 위험한가요?

A 귀여운 얼굴을 한 올빼미이지만, 특히 주의해야 하는 새 중 하나예요. 둥지를 지키는 습성이 강하고, 가까이 다가오는 건 뭐든 공격하므로 연구자들 사이에서는 위험한 새로 알려져 있어요. 미국이나 유럽에서는 무심코 둥지에 다가간 일반인이 습격당하는 사고가 일어나는 등 공격적인 면을 가지고 있어요.

줄무늬올빼미

주된 먹이는 쥐, 다람쥐 등의 작은 포유류나 뱀, 개구리 등이에요. 둥지에 다가가면 어미가 사람을 공격하는 일이 있어요.
- 올빼미과 ●43~50cm ●북아메리카 동부·북서부 ●발톱

위험생물이 혹시 대결한다면⑥
부채머리수리 vs. 재규어

부채머리수리는 아마존 열대 우림의 하늘을 지배하는 포식자예요. 밀림 나무들 사이를 날면서 먹잇감을 사냥하러 다니죠. 날고 있는 부채머리수리의 아래에는 악어도 잡는 강력한 재규어가 육지를 지배하고 있어요. 만약 둘 사이에 싸움이 벌어지면 어떻게 될까요?

부채머리수리 vs. 재규어 승패 포인트

재규어
넓은 영역을 홀로 돌아다니며 생활해요. 나무 위나 수풀에 숨어 먹잇감을 기다리다가 단숨에 달려들어요. 표범과 비슷하지만, 더 탄탄한 몸을 지녔어요. 게다가 사자나 하이에나에게 공격당하는 표범과는 달리 재규어에게는 천적이 없어요. 악어나 아나콘다도 잡아먹는 아메리카 대륙 최강의 포식자예요.

뼈도 부수는 강력한 턱 강력한 턱으로 악어나 카피바라와 같은 먹잇감의 머리를 물고 두개골째로 부술 수 있어요. 게다가 앞발로 내지르는 펀치는 작은 동물을 일격에 쓰러트릴 정도로 강력해요.

	재규어	부채머리수리
크기	180cm	105cm
무게	136kg	10kg

이 페이지는 야생에서는 좀처럼 관찰되지 않는 위험생물끼리의 대결을 시뮬레이션한 페이지예요. 대결 결과는 생각할 수 있는 예시 중 하나이며, 항상 똑같은 결과를 보장하는 건 아니에요.

부채머리수리

밀림을 조용히 날면서 먹잇감을 찾아요. 나무늘보나 원숭이 등 나무 위에 사는 포유류가 주된 먹이예요. 그밖에도 이구아나나 뱀 등의 파충류, 호저나 개미핥기 등의 포유류도 잡아먹어요. 7kg에 달하는 먹잇감을 사냥할 수 있고, 시속 80km에 달하는 속도로 날 수 있어요.

날카로운 발톱
발톱의 길이는 조류 중에서 최대급이며 툭 튀어나와 있어요. 그 덕분에 다리의 악력이 아주 강하고 뼈를 부숴 치명상을 입힐 수 있어요. 먹잇감을 발견하면 재빠르게 날아가 덥석 움켜쥐어요.

위험생물들이 만약 싸운다면……?
총평 설마하니 재규어가 고전?

재규어 정도의 포식자라면 부채머리수리를 포함해 조류는 상대도 되지 않겠지요. 몸 크기나 몸무게를 비교하면 압도적으로 재규어가 유리해요. 게다가 조류의 뼈는 하늘을 날기 위해 아주 가벼운 구조로 되어 있어서 방어력이 높지 않아요. 재규어의 일격을 받으면 뼈가 부러져 움직일 수 없게 될 수도 있지요. 하지만 승산이 거의 없는 부채머리수리도 선제공격에 성공한다면 대등하게 겨룰 수 있을지 몰라요. 부채머리수리에게 있어 재규어의 일격은 치명상이므로, 등 뒤로 몰래 다가가 재규어를 향해 날아요. 뒤를 돌아볼 때 날카로운 발톱으로 얼굴을 그어서 눈이나 코에 상처를 입힐 수 있다면, 재규어도 혼란에 빠져 전의를 상실하고 도망칠지도 몰라요.

위험생물 카탈로그
새 무리

매 👊👊
해안이나 호수 등의 광활한 지역에 서식하며, 새를 먹이로 삼아요. 고속으로 날 수 있고, 급강하는 시속 300km에 달하는 속도라고 해요. 🟢매과 🔴34~50cm 🟣전 세계(남극 제외) ⬜발톱

조류의 특징
부리와 발톱
'하늘의 위험생물'에서 소개한 생물 외에도 위험한 조류가 있어요. 조류가 사람을 덮치는 일은 드물지만, 새끼 양육 중에는 새끼를 보호하기 위해 격렬하게 공격하기도 해요. 조류의 무기는 부리와 발톱이에요. 사람을 공격할 때는 주로 발톱을 사용해요.

🟢분류 🔴몸 크기 🟣주된 서식지 ⬜위험한 부분

참매

숲에 서식하는 매로 새가 주된 먹이예요. 짧은 날개를 지녔으며 나무 사이를 스치듯 날아다니면서 새를 쫓아가 잡아요. 둥지에 접근하면 공격하고 날카로운 발톱에 상처를 입을 가능성이 있어요.

🟢 매과　🔴 48.0~68.5cm　🔵 한국, 북반구　🟢 발톱

▶ 붙잡은 집비둘기를 둥지로 운반하는 매.

마을에 먹이가 되는 집비둘기가 많이 있어서 시가지에 서식하는 매가 늘고 있어요. 둥지는 고층 빌딩이나 철탑 등의 높고 탁 트인 장소에 지어요.

일본뿐만 아니라 해외에서도 도시에 서식하는 매가 종종 관찰돼요. 빌딩 등에서 새끼가 발견되면 보호 단체나 자원봉사자들이 새끼를 돌보거나, 더 안전한 장소로 둥지를 이동시키기도 해요. 그때 아래 사진처럼 어미 새의 공격을 받기도 해요.

167

잔점배무늬독수리
사바나에 서식하는 커다란 수리로, 관뿔매에 버금가는 아프리카 최강 새 중 하나예요. 몸무게가 6kg에 달하며 힘이 아주 세요. 주로 소형 소류와 같은 포유류나 커다란 새를 먹이로 삼아요. ■수리과 ■78~86cm ■사하라 사막 이남 아프리카 ■발톱

흰꼬리수리
유라시아 대륙의 추운 지역에 분포하는 대형 수리예요. 물가에 서식하며 주로 물고기를 먹지만, 번식기에는 갈매기 등의 새를 공격해 새끼의 먹이로 삼아요. 죽은 동물을 먹기도 해요. ■매과 ■69~92cm ■한국, 일본, 유라시아 대륙 ■발톱

위험생물 칼럼 — 충돌하는 이유
흰꼬리수리나 참수리 등의 맹금류가 풍력 발전소의 풍차에 부딪혀 죽는 일이 있어요. 먹이를 노리느라 아래를 보고 집중하면서 날다가 풍차가 있는 것을 알아차리지 못했거나, 급강하할 때 풍차가 눈에 보이지 않았거나 하는 것이 원인으로 여겨지고 있어요.

참수리
오호츠크해 연안에 서식하는 거대한 수리예요. 물고기가 주식이지만 죽은 에조사슴 등에도 몰려들어요. ■수리과 ■85~94cm ■한국, 일본, 러시아 ■발톱

위험생물 카탈로그 새 무리

■분류 ■몸 크기 ■주된 서식지 ■위험한 부분

아프리카흰등독수리
날개를 펼치면 2m에 달하는 커다란 독수리예요. 하늘을 날면서 동물의 사체를 찾아다녀요. 날카로운 부리는 코끼리의 두꺼운 피부도 뚫을 수 있어요. ■수리과 ■94cm ■아프리카 ■부리

◀동물의 사체를 발견하면 급강하해 몰려들어요.

하늘의 왕
새 중에서도 몸집이 가장 크고 힘이 센 독수리는 예로부터 '하늘의 왕'으로 여겨져 왔어요. 그 덕에 예로부터 권력과 힘을 나타내는 지배자의 상징으로서 군대의 깃발이나 동전, 건물 장식 등에 독수리 마크가 사용됐어요.

▲1756년에 완성된 러시아 예카테리나 궁전의 문 위 장식. 러시아 제국에서는 2개의 머리를 지닌 '쌍두 독수리'를 문장으로 사용했어요.

▼기원전 3세기 로마 제국에서 만들어진 동전. 당시에는 황제가 죽으면 독수리가 그 영혼을 천국으로 데려간다고 믿었어요.

큰회색올빼미
침엽수림에 서식하는 큰 올빼미예요. 둥지에 다가가면 부리로 딱딱 소리를 내며 위협해요. 그래도 다가가면 발톱으로 공격해요. ■올빼미과 ■59~69cm ■북반구 한대 지역 ■발톱

▼쥐를 붙잡은 큰회색올빼미. 큰회색올빼미나 올빼미는 주로 쥐를 먹이로 삼아요.

올빼미
유럽의 숲에 서식하는 중형 올빼미예요. 둥지에 다가가면 기를 쓰고 덤벼요. 날카로운 발톱으로 큰 상처를 입을 가능성이 있어요. ■올빼미과 ■36~40cm ■한국, 유럽, 러시아 서부 ■발톱

조류 인플루엔자를 주의하세요

조류 인플루엔자는 새가 인플루엔자 바이러스에 감염되어 발생하는 새 질병이에요. 보통 야생의 새는 조류 인플루엔자로 죽지 않지만, 닭 등의 가축은 감염되면 바이러스 변이에 의해 죽기도 해요. 사람이 감염되는 일은 드무나 조류 인플루엔자에 걸린 새의 변이나 내장에 닿는 것으로 감염되기도 해요. 차후 바이러스가 변이되어 사람도 쉽게 감염되면 전 세계에 크게 유행할 우려가 있어 경계 대상이에요.

▲조류 인플루엔자 바이러스가 발견되어 살처분되는 새.

분홍사다새

주로 물고기를 먹지만 새끼 새나 쥐 등도 잡아먹어요. 다가가면 부리에 물려 다칠 위험이 있어요.
- 사다새과 ■ 1.5~1.8m ■ 유럽 남동부, 아프리카, 인도 ■ 부리

집단으로 갈색얼가니새의 둥지를 공격해 새끼를 집어삼키고 옮겨서 자기 새끼에게 먹이로 주기도 해요.

▲배가 고픈 분홍사다새들이 사진사의 다리를 긁고 있어요.

까치종다리

오스트레일리아에 서식하는 작은 새예요. 나뭇가지나 말뚝 위 등에 진흙을 모아 둥지를 만들어요. 아주 공격적인 성격으로, 둥지에 다가오는 것은 천적인 매일지라도 격한 소리를 내며 쫓아내요.
- 긴꼬리딱새과 ■ 25~30cm
- 오스트레일리아 ■ 부리

캐나다기러기

본래는 북아메리카에 서식했지만, 야생화된 개체가 세계 각지에 퍼졌어요. 둥지를 방어하는 행동이 격렬하여 사람이나 개 등도 두려워하지 않고 달려들어요. 부리에 물리거나 날개로 맞는 식으로 상처를 입을 수 있어요.
- 오리과 ■ 55~110cm ■ 북아메리카 ■ 부리, 날개

오스트레일리아까치
오스트레일리아에만 서식하는 새예요. 아주 전투적이며 둥지에 다가오는 동물은 누구든 공격해요. 인가 근처에도 둥지를 지으므로 사람을 공격하는 일도 있지만, 다치는 건 드물어요. ■숲제비과 ■37~43cm ■오스트레일리아 ■다리

가면물떼새
지상에 둥지를 틀고 근처에 다가오는 건 무엇이든 격한 울음소리를 내며 공격해요. 이 새뿐만 아니라 물떼새 대부분이 비슷한 방어 행동을 보여요. ■물떼새과 ■30~37cm ■오스트레일리아, 뉴질랜드 ■부리

> 날개에 날카로운 발톱이 나 있어요. 날개로 맞았을 때 발톱이 닿으면 상처를 입을 수 있어요.

북극제비갈매기
극제비갈매기라고도 하며, 북극에서 번식하고 남극 주변에서 월동하는 갈매기예요. 수많은 새가 모여 집단을 이루고 번식해요. 집단에 다가오는 동물은 누구든 격렬하게 공격해 쫓아내요. 변을 뿌리기도 해요. ■갈매기과 ■33~36cm ■북극, 남극해 ■부리, 변

> 한국, 일본에서 번식하는 쇠제비갈매기도 둥지에 다가오면 공격하거나 똥을 뿌리기도 해요.

갈색도둑갈매기
'도둑'이라는 이름대로, 양육 중인 펭귄에게 접근해 알이나 새끼를 훔쳐 잡아먹어요. 자신의 둥지에 다가오는 건 무엇이든 공격해요. ■도둑갈매기과 ■52~64cm ■남극해의 섬 ■부리

▲ 부모 펭귄한테서 빼앗은 새끼 펭귄을 먹고 있어요.

새가 항공기를 떨어뜨린다!
공포의 버드 스트라이크

새는 하늘을 자유롭게 날 수 있어요. 그렇기에 일어날 수 있는 위험한 사고 중 하나가 버드 스트라이크예요. 주로 새가 항공기와 부딪치는 걸 말하죠. 세계 각지에서 수많은 버드 스트라이크가 발생하고 있어요. 항공기 이외에도 새와 접촉하는 사고가 일어나요.

2009년 남아메리카 아마존강에서 벌어진 사고의 모습이에요. 새가 앞쪽 유리에 부딪혀 구멍이 났어요. 다행히도 조종사는 가벼운 상처로 그쳤어요.

Q 새가 부딪히는 것만으로 대형 사고가 되나요?

A 초경량 제트기로 불리는 소형 제트기도 무게는 1t 이상, 속도는 시속 500km를 넘는 게 많아요. 물체끼리 부딪치는 충격은 무거우면 무거울수록, 빠르면 빠를수록 커져요. 큰 새와 부딪치면 충격 또한 강해져 대형 사고로 이어져요.

◀ 미국 공군 항공기와 부딪친 매. 사람에게도 위험하지만, 수많은 새가 희생되는 것도 문제예요.

버드 스트라이크가 일어난 미국 공군 항공기. 새가 부딪친 충격으로 전면부가 움푹 팼어요.

Q 항공기가 추락하기도 하나요?

A 버드 스트라이크 중에서도 가장 무서운 것은 새가 엔진에 들어가는 사고예요. 엔진이 새를 빨아들여 멈추는 바람에 추락하는 일이 발생했어요. 1995년에 미국 공군 제트기가 캐나다기러기를 빨아들여 추락했고, 24명의 희생자가 발생했어요. 2009년에도 US항공의 제트기가 허드슨강에 수면 불시착하는 사고가 일어났어요.

▶미국에서는 캐나다기러기가 항공기에 있어 가장 위험한 새 중 하나로 알려져 있어요.

▶제트기의 엔진 흡기구. 새가 들어가면 고장 나 움직이지 않게 돼요.

2009년 허드슨강에 수면 불시착한 US항공의 제트기. 이륙 직후 캐나다기러기를 빨아들여 모든 엔진이 정지했어요. 하지만 기장의 냉철한 판단과 정교한 조종 기술로 기체가 부서지지 않고 강에 성공적으로 착수해, 승객과 승무원 전원의 목숨을 구했어요.

일본의 버드 스트라이크 (2019년)

주된 사례 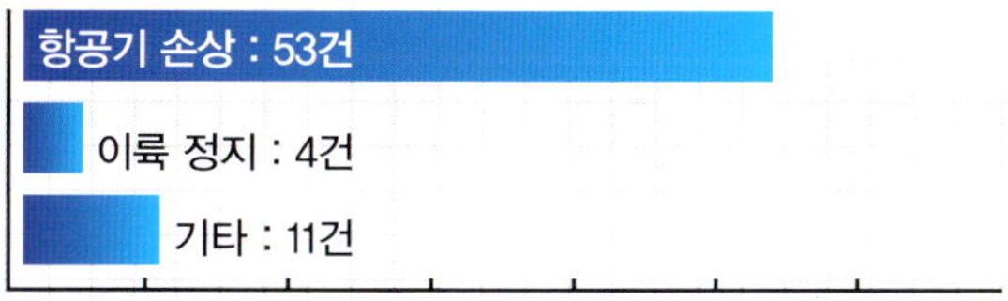
- 항공기 손상 : 53건
- 이륙 정지 : 4건
- 기타 : 11건

※항로 복귀나 목적지 변경, 재착륙 등.

충돌하는 주된 새
- 제비과 : 144건
- 참새과 : 103건
- 수리과 : 78건

2019년 일본에서는 1,577건의 버드 스트라이크가 일어났어요. 사망자가 나오는 큰 사고는 없지만, 기체가 부서지거나 이륙할 수 없게 되는 일이 일어나고 있어요. 1,577건 중 860건은 충돌한 새의 종을 확인하지 못했으나, 확인한 종으로는 솔개나 까마귀, 황조롱이 등이 다수라고 해요.

항공기 이외의 버드 스트라이크

항공기 이외에도 새가 전철이나 자동차와 충돌하는 사고가 일어나고 있어요. 또 바람의 힘으로 전기를 만드는 풍력 발전소에서도 사고가 잇따르고 있어요. 바람을 받는 날개에 부딪혀 수많은 새가 사망해요. 흰꼬리수리 등 멸종 위기종인 새도 희생되고 있어 대책이 시급해요.

▲멸종 위기종인 흰꼬리수리.

▲풍력 발전소는 바람을 많이 받기 위해 해안 근처의 탁 트인 장소에 지어져요. 그 때문에 해안가를 비행하는 참수리나 흰꼬리수리 같은 바다의 수리류와 충돌하는 사고가 많이 일어나고 있어요.

극지의 위험생물

북극과 남극 등의 극지에도 위험생물이 서식하고 있어요. 북극에는 지상 최대 육식 동물인 북극곰 등이, 남극에는 '바다의 표범'이라고 불리는 레오파드바다표범 등이 서식하고 있어요. 대부분은 만날 일이 없지만, 사람이 다치는 사고가 일어나고 있어요.

▼사람이 버린 쓰레기를 뒤지는 북극곰. 먹이를 찾아 사람이 사는 마을에 나타나기도 해요.

▼약 3,000마리의 북극곰이 서식하는 스발바르 제도의 스피츠베르겐섬에 있는 표식이에요. '멈춰라, 북극곰은 위험하다. 총 없이 이 표식을 넘어가지 마라'라고 쓰여 있어요. 이 섬에서는 공격당했을 때 근처 집으로 도망갈 수 있도록 주민들이 자택을 잠그지 않고 생활하고 있어요.

▶북극곰의 주식은 물범이지만, 돌고래나 고래 등의 사체, 새나 새의 알, 물고기, 해초 등도 먹어요. 사진은 참고래의 사체를 먹고 있는 모습이에요.

얼음 구멍에서 물범을 잡은 후 아래 사진처럼 목을 물고 먹기 쉬운 장소로 옮겨요.

구멍 근처에서 먹잇감을 기다린다!

북극곰은 얼음에 난 구멍 근처에서 매복해 있다가, 숨을 쉬기 위해 해수면으로 올라오는 물범을 덮쳐 사냥하곤 해요.

북극곰
지상 최대의 육식 동물이에요. 체모는 털의 중심이 공동(空洞)으로 되어 있어 열이 빠져나가기 어려운 구조예요. 차가운 바다를 몇십km나 헤엄쳐도 멀쩡해요.
- 곰과 ● 1.6~2.5m, 150~800kg
- 북극권 ● 발톱, 이빨

위험생물 칼럼 — 때로는 새끼도 먹이가 돼요

암컷 북극곰은 한 번에 두 마리 정도의 새끼를 낳고 사냥 방법을 알려 주면서 2년 정도 함께 생활해요. 새끼를 기르는 도중인 암컷은 수컷을 아주 무서워해요. 수컷이 새끼를 잡아먹으려 하는 경우가 있기 때문이에요. 그래서 암컷은 수컷을 발견하면 새끼를 지키기 위해 필사적으로 도망쳐요.

극지의 위험생물

바다코끼리

암수 모두 긴 엄니를 지니고 있어요. 수컷끼리의 싸움이나 북극곰을 위협하는 데 쓰여요. 사람을 공격하진 않지만, 거대한 몸에는 주의가 필요해요.

● 바다코끼리과 ● 3.0~3.6m, 0.4~1.0 t ● 북극권 ● 엄니

알래스카 해안에 모여든 바다코끼리 무리. 바다에서 먹이를 구하고, 쉴 때는 바위 터에 모여들어요.

◀ 바다코끼리의 엄니는 싸울 때 무기가 되는 것은 물론, 육지로 올라올 때 지면이나 얼음을 찍어 버티는 데도 쓰여요. 긴 건 1m 가까이 자라요.

위험생물 칼럼 — 패닉으로 깔리기도

다 자란 바다코끼리는 북극곰도 간단히 죽이지 못해요. 하지만 바다코끼리는 북극곰이 나타나면 무리 전체가 패닉에 빠져, 도망치려 하는 다른 동료에게 깔려 죽기도 해요. 그래서 북극곰은 바다코끼리 무리를 놀라게 해 패닉에 빠트리는 것만으로도 깔려 죽은 바다코끼리 사체를 먹을 수 있어요.

● 분류 ● 몸 크기 ● 주된 서식지 ● 위험한 부분

흰올빼미
북극권 등에 서식하는 대형 올빼미예요. 사람이든 다른 동물이든 상관없이 둥지에 다가오는 건 모두 공격해요. 발톱으로 큰 상처를 입는 경우가 있어 아주 위험해요. ■올빼미과 ■55~70cm ■일본, 북극권 ■발톱

사향소
북극권에 서식하는 소의 친척이에요. 보통 사람을 공격하진 않지만 가까이 다가가면 돌진해 오기도 해요.
■소과 ■1.4~2.5m, 180~400kg ■북아메리카 북부 ■발톱, 거대한 몸

머리는 견고한 뿔로 보호받고 있어요.

사향소는 힘이 아주 세요. 동물 중에서는 코끼리에 버금가는 견고한 사육장에서 길러지고 있어요.

수컷끼리는 여름이 되면 암컷을 둘러싸고 머리로 들이받으며 싸워요.

레오파드바다표범
펭귄이나 물범을 공격하는 남극 최강의 포유류예요. 날카로운 이빨이 늘어진 커다란 입으로 먹잇감을 물어뜯어요. 공격적인 성격이라 함부로 다가가는 건 위험해요.
■물범과 ■2.4~3.4m, 200~591kg ■남극 주변의 바다 ■날카로운 이빨

펭귄을 선물?
사람에게 펭귄을 선물하는 희귀한 사건이 기록되었어요. 체험한 사진사에 의하면, 한 마리의 레오파드바다표범이 다가와 마치 먹이를 먹여 주듯 펭귄을 입에 물고 몇 번이고 내밀었다고 해요.

사막의 위험생물

사막은 비가 거의 내리지 않아 아주 건조한 지역이에요. 사막도 극지와 마찬가지로 험한 환경이지만, 다양한 위험생물이 서식하고 있어요. 여기서는 아메리카나 아프리카 사막에 서식하는 위험생물을 소개해요.

위험생물 칼럼 : 옆으로 기어갈 뿐

사이드와인더 등 사막에 서식하는 일부 뱀은 옆으로 기어서 이동해요. 상반신을 들어 올리고 땅에 몸을 거의 붙이지 않은 채 튀어 날듯이 옆으로 나아가요. 몸이 지면에 닿는 시간이 짧으므로, 모래뿐이라 미끄러지기 쉬운 사막에서 이동하기에 적합한 방법으로 여겨져요.

사이드와인더

사막방울뱀, 뿔방울뱀이라고도 해요. 선선해진 밤에 활동해요. 독은 그리 강하지 않지만 빨리 치료받지 않으면 목숨에 위협이 될 수도 있어요. ●살무사과 ●60~80cm ●아메리카 남서부~멕시코 북부 ●독니(출혈독)

뿔살무사 🧪🧪

영명은 '혼드 애더(Horned Adder)'예요. 도마뱀이나 쥐 등을 먹이로 삼아요. 독이 있어서 물린 사람은 아픔이나 가려움을 느껴요. 물린 부위가 괴사할 위험도 있어요. 🟧살무사과 🟥30~60cm 🟦아프리카 남부 🟩독니(출혈독)

눈

▲몸을 구부리고 모래 안에 숨어요.

비티스패링고이 🧪

모래에 숨어 눈만 내밀고 먹잇감을 기다려요. 때때로 꼬리 끝을 움직여 먹잇감으로 혼동하게 해 도마뱀을 유인하기도 해요. 약한 독을 지녔지만, 목숨에 지장이 있을 정도는 아니에요. 🟩살무사과 🟥30cm 🟦아프리카 🟩독니(출혈독)

꼬리 끝

사막뿔살무사 🧪🧪

모래 안에 몸을 숨기고 눈과 뿔 모양의 돌기만 내민 채 먹잇감을 기다려요. 물리면 곧장 목숨을 잃는 건 아니지만 빨리 치료하지 않으면 위험해요. 🟩살무사과 🟥60~85cm 🟦아프리카 북부~아라비아반도 🟩독니(출혈독)

179

사막의 위험생물

퓨마
다양한 환경에 서식하는 대형 들고양이예요. 최근에는 개체 수가 늘어 마을 근처에서도 하이킹하던 사람이 공격당하는 사고가 일어나고 있어요. ●고양이과
●86~154cm, 29~120kg ●북아메리카~남아메리카
●이빨, 발톱

●분류 ●몸 크기 ●주된 서식지 ●위험한 부분

Q 사막 이외 지역에도 서식하나요?

A 퓨마는 사막 이외에도 숲이나 초원 등 폭넓은 환경에 적응해 서식하고 있어요. 퓨마의 주된 천적은 늑대지만, 반대로 퓨마가 늑대를 죽여 잡아먹기도 해요.

▲퓨마의 날카로운 이빨. 사람이 공격당하는 일은 드물지만, 사망 사고도 일어나고 있어요.

위험생물 칼럼 | 독이 당뇨병 치료 약으로

2005년, 아메리카독도마뱀의 타액 독에서 당뇨병 치료 약이 만들어졌어요. 당뇨병은 혈당 수치가 높아지는 병이에요. 이 독의 성분이 혈당 수치를 낮추는 역할을 해 당뇨병에 효과가 있어요.

사막왕도마뱀

코브라나 전갈을 공격해 잡아먹는 왕도마뱀이에요. 추운 지방에 서식하는 개체는 동면해요. 타액에 독이 있는 것으로 추정되지만, 자세한 건 알려지지 않았어요. ●왕도마뱀과 ●1.2~1.5m
●아프리카 북부~중동, 중앙아시아, 인도 북서부
●없니

흥분하면 긴 꼬리를 치켜올리고 위협하기도 해요.

아메리카독도마뱀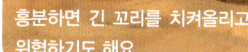

무엇이든 물어뜯고 아래턱에 모아 둔 독을 상대의 몸에 주입해 약화해요. 독은 강한 신경독으로, 몸을 마비시켜 움직이지 못하게 해요. 얌전한 도마뱀이라 그다지 사람에게 위협을 가하진 않아요.
●독도마뱀과 ●40~50cm ●아메리카 남부~멕시코 북서부 ●독

잡아서 문 먹잇감에 독을 주입해요. 턱 힘이 세서 문 것은 잘 놓치지 않아요.

사막메뚜기

메뚜기가 사람을 직접 공격하진 않지만, 대량 발생해 논의 농작물을 전부 먹어 치우는 일이 일어나고 있어요. 메뚜기가 원인이 되어 식량 부족이나 대기근이 발생하기도 해요.

- 메뚜기과
- 40~60mm
- 아프리카, 중동, 아시아
- 대군

Q 항상 무리로 생활 하나요?

A 보통 사막메뚜기는 무리로 생활하지 않아요. 하지만 먹이가 부족해져서 먹이를 구하기 위해 사막메뚜기끼리 밀집해 생활하게 되면 무리를 선호하는 사막메뚜기가 태어나요. 평상시 사막메뚜기를 '고독상'이라고 부르며, 무리 짓는 것은 '군생상'이라고 불러요. 종은 같지만, 생활 방식이나 겉모습, 성격이 달라요.

고독상(평소)
◀몸 색깔은 녹색이며, 홀로 생활해요. 성격은 얌전하고 사람에게 해를 가하지는 않아요.

군생상(대군을 이룰 때)
◀몸 색깔은 검정이나 황색 등 눈에 띄는 색이며 무리를 선호해요. 공격적인 성격으로 식물을 몽땅 먹어요.

낙타거미
거미에 가까운 종으로 1,000종 정도가 알려져 있어요. 도마뱀이나 새, 쥐 등 자신보다 큰 먹잇감도 거대한 턱으로 잡아요. 독은 없으며 사람을 공격하지는 않아요.
- 낙타거미목 ■15cm
- 열대나 아열대의 사막 ■큰 턱

자이언트데스스토커
몸길이 15cm에 달하는 거대한 전갈이에요. 강한 신경독을 지녀 쏘이면 목숨이 위험해져요. 또 독액을 뿌리므로 눈에 들어가면 실명할 위험이 있어요.
- 전갈과 ■15cm ■아프리카 남동부 ■독침, 독액

친숙한 위험생물

여태까지 봐 온 위험생물 외에도, 평소에 마주칠 수 있는 생물이면서 사실은 공격적이거나 사고를 일으키는 생물들이 있어요. 여기서는 목숨이 위험할 정도는 아니지만 친숙하면서도 의외로 위협적인 생물을 일부 소개해요.

근처에 있는 새끼를 지키기 위해 아이를 위협하는 어미 고니.

Q 고니의 날개는 위험한가요?

A 조류의 무기는 부리와 다리지만, 고니 등 일부 새의 무기는 날개예요. 새끼를 돌보는 중인 어미 고니는 새끼에게 다가오는 생물이 있으면 날개를 펼쳐 쫓아내요. 외국에서는 혹고니의 공격에 의한 사망 사고가 일어나고 있어요.

혹고니
야생화된 개체가 한국, 일본을 포함한 세계 각지에서 번식하고 있어요. 알이나 새끼를 보호하기 위해 가까운 상대방을 물거나 날개로 때리기도 해요. ●오리과 ●1.3~1.6m ●한국, 일본, 유라시아 대륙 ●부리, 날개

솔개

먹이를 받아먹고 사람에게 익숙해진 솔개는 등 뒤에서 날아들어 사람의 음식을 빼앗을 위험이 있어요. 그때 발톱에 다치는 일이 있어요. ●매과 ●55~60cm ●한국, 일본, 유라시아 대륙, 아프리카, 오스트레일리아 ●발톱

◀일본 가나가와현 에노시마 근처에 있는 표지판. 솔개가 샌드위치나 햄버거 등의 음식을 노리고 날아든다고 해요.

큰부리까마귀

까마귀가 사람을 함부로 공격하진 않아요. 하지만 둥지에 새끼가 있으면 근처를 지나가는 사람의 머리를 뒤에서 다리로 걷어차듯이 공격해요.
●까마귀과 ●56cm ●한국, 동아시아, 인도 ●발톱

Q. 왜 사람의 음식을 노리나요?

A. 솔개와 갈매기 둘 다 본래는 사람의 음식물을 먹지 않았어요. 사람이 새들에게 먹이를 줌으로써 새들이 사람에게 익숙해져 먹을 것을 빼앗게 됐어요.

영국 브라이턴이라는 바닷가 마을에서 걷고 있던 여성의 도넛을 빼앗는 재갈매기.

재갈매기

물고기가 주된 먹이이지만 고기나 과자, 열매 등 뭐든 먹는 잡식성이에요. 까마귀처럼 쓰레기통을 뒤지며 마을 안에 수없이 날아들어요.
●갈매기과 ●55~67cm ●한국, 북반구 ●부리

친숙한 위험생물

일본 아이치현에서 일어난 하루살이 대발생. 다리가 하루살이로 가득 덮여 있어요.

하루살이
하루살이목이라고 불리는 집단의 총칭이에요. 대부분은 깨끗한 강에 서식하고 있어요.
- 하루살이목 ● 10mm(작은강하루살이)
- 한국, 일본 ● 대량 발생

무수한 하루살이가 뒤덮는다!

Q 어째서 대량 발생하는 건가요?

A 실은 왜 대발생하는지는 알려지지 않았어요. 원인으로 하루살이가 서식하는 지역의 기온, 먹이의 양 등 다양한 가설이 있지만, 아직 밝혀진 내용은 없어요.

소등에
소나 돼지 등 가축의 피를 빨지만, 사람에게도 들러붙어 흡혈해요. 독은 없으나 물리면 아플 수도 있어요.
- 등에과 ● 17~25mm
- 한국, 일본 ● 흡혈

삼림참진드기
참진드기는 다른 동물의 피를 빨며 자라요. 삼림참진드기는 사람이나 새 등을 흡혈해요. 라임병이라는 감염병을 옮기는 진드기로도 알려져 있어요. ● 참진드기과
- 3.5mm(암컷) ● 한국, 일본, 중국, 동유럽 ● 흡혈

◀흡혈 전(오른쪽)과 흡혈 후(왼쪽)의 삼림참진드기.

체내에 깊이 들어가 피를 빤다!

집쥐진드기
주로 곰쥐를 흡혈하며 생활해요. 사람의 피를 빨기도 하며 물리면 심한 가려움이 일어요. 허벅지 안쪽 등 피부가 얇고 부드러운 부분에 잘 들러붙어요.
- 가위집게진드기과 ● 0.7mm ● 전 세계 ● 흡혈

사람의 피부에 착 달라붙어 피를 빨아요. 길게는 10일간이나 계속 흡혈해요.

◀톱 같은 입으로 피부를 잘라 내고 피를 빨아요.

● 분류 ● 몸 크기 ● 주된 서식지 ● 위험한 부분

▶ 때때로 하루살이가 대발생하는 장소에는 주의를 요하는 간판이 세워져 있어요.

Q 왜 위험한가요?

A 도로가 미끄러워지기 때문이에요. 하루살이는 강이나 물가에서 부화해요. 성충은 빛에 이끌리기 쉬운 습성이 있어서 조명이 설치된 다리나 도로에 모여들어요. 대량으로 모인 하루살이가 도로 위에 쌓이고 찌부러지면서 미끄러지기 쉽게 돼요.

다리에 모여든 기차노래기. 선로 위에 대량 발생해 열차가 멈추기도 해요.

기차노래기(일본명)
8년에 한 번 대량 발생하는 노래기예요. 옛날에 선로 위에 대량 발생한 노래기를 밟아 뭉갠 기차가 미끄러져 움직이지 못하게 된 사고가 있었어요.
■ 키노래기과 ■ 35mm ■ 일본 중부 지방 ■ 대량 발생

괭이벼룩
주로 고양이에게 기생해 피를 빨지만, 개나 사람에게도 달라붙어 흡혈해요. 물리면 아주 가려워요. ■ 벼룩과 ■ 2~3mm ■ 전 세계 ■ 흡혈

활순털진드기
주로 쥐에게 기생하지만, 사람의 체액을 빨기도 해요. 쯔쯔가무시병의 원인인 미생물을 지니기도 하여, 체액을 빨 때 감염되는 사례가 일어나고 있어요. ■ 쯔쯔가무시과 ■ 0.2mm ■ 한국, 일본 전역 ■ 흡혈

왼쪽은 일본흰개미의 일개미예요. 주로 유충을 보살피거나 먹이를 먹여요. 오른쪽은 병정개미로, 적을 공격하고 동료를 보호해요.

일본흰개미
목조 건축물을 먹어 치울 위험이 있는 무서운 해충이에요. 몇십만 마리에 달하는 대군이 습한 목재 안에서 생활해요.
■ 흰개미과 ■ 4~6mm(병정개미) ■ 한국, 일본 ■ 병충해

흰줄숲모기
희고 검은 문양의 모기예요. 잡목림이나 묘지 등에서 주로 낮에 활동해요. 뎅기열 등의 감염병을 매개해요. ■ 모기과 ■ 4.5mm
■ 한국, 일본, 동남아시아 ■ 흡혈

산거머리(일본명)
산의 습한 장소에 서식해요. 사람이나 동물 등이 지나가면 몸을 늘려 달라붙고 피를 빨아요. 몸무게의 10배에 달하는 피를 빨 수 있다고 해요. ■ 산거머리과(일) ■ 40mm ■ 일본 ■ 흡혈

흰개미가 기둥을 갉아 먹어 너덜너덜해졌어요.

몸을 좀먹는 작은 침입자!
공포의 병원체

사람의 몸 안에 들어와 병을 일으키는 바이러스나 세균, 기생충 등을 '병원체'라고 해요. 병원체가 일으키는 질병은 '감염증'이라고 해요. 지구상에는 무서운 병원체가 수없이 존재하고, 그중에는 목숨을 위협하는 감염증도 있어요. 여기에서는 그 일부를 소개해요.

Q 모든 바이러스, 세균이 위험한가요?

A 바이러스나 세균이라고 하면 위험한 이미지가 있지만, 우리는 평소에도 바이러스나 세균과 같은 무수한 미생물에 둘러싸여 있고, 그중 대부분은 사람에게 해를 끼치지 않아요. 일부가 병원체로서 위험한 감염병을 일으키는 것이지요. 감염병 증상의 다수는 발열이나 설사, 기침 등이에요. 병원체에 따라서는 피부가 변색되거나 뇌출혈이 일어나거나 전신이 마비되기도 해요.

기생충

⚠ **간에 기생해 몸을 망가뜨려요**
에키노코쿠스
여우에서 사람으로 숙주를 옮기기도 해요. 유충이 간에 기생해 포충증을 일으켜요. 간 기능 저하로 목숨을 잃을 수도 있어요.

⚠ **상피병을 일으켜요**
사상충
선충이라고 불리는 생물의 친척으로, 모기를 통해 사람의 몸으로 들어가요. 림프샘에 기생하면서 상피병이라고 불리는 병을 일으키고, 다리나 팔 등이 코끼리 피부처럼 딱딱하게 부풀어 올라요.

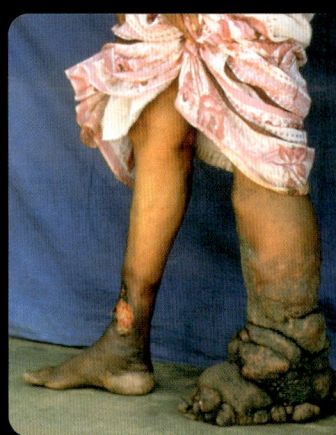
▲상피병에 걸린 환자의 다리.

세균

탄저균 ⚠ 바이오 테러 위험
탄저균을 지닌 소나 양으로부터 감염돼요. 피부 탄저, 폐 탄저병 등을 일으켜요. 생물 병기로 쓰이는 일이 있고, 2001년 미국에서 탄저균이 든 봉투가 방송국과 출판사에 보내져, 탄저균에 의해 5명이 사망한 사건이 일어났어요.

⚠ **생태계 최강 독소**
보툴리누스균
병조림이나 통조림 등의 식품에 혼입된 보툴리누스균이 독소를 만들어 식중독을 일으키는 일이 있어요. 독소의 강도는 생물계 최강이라고 하며, 계산상 약 500g으로 전 인류를 사망하게 할 수 있을 정도예요.

▶페스트에 걸린 사람의 손. 피부가 검게 변해 죽어 가는 것으로부터 '흑사병'이라 불리며 두려움의 대상이에요.

페스트균 ⚠ 원래는 쥐의 병
페스트균을 지닌 쥐나 벼룩으로부터 감염돼요. 림프샘이 부풀고 발열과 두통, 피부 출혈이 일어나 치료하지 않으면 높은 확률로 사망해요. 대유행이 일어난 중세 유럽에서는 2,000만~3,000만 명이 사망했다고 해요.

바이러스

⚠ 차례차례 사람이 감염
에볼라바이러스
에볼라 출혈열을 일으켜요. 치사율은 지역에 따라 90%에 달해요. 두통이나 발열, 근육통 이후에 설사나 각혈이 일어나요. 2014년에는 서아프리카에서 대유행해 2016년 3월까지 1만 명의 사상자가 나왔어요.

⚠ 치사율은 거의 100%
광견병바이러스
주로 바이러스를 지닌 개로부터 감염돼요. 바람이나 물을 무서워하게 되고, 마지막에는 호흡 마비가 찾아와요. 발병하면 치사율이 거의 100%에 달하지만, 백신 접종으로 예방할 수 있어요.

에볼라바이러스는 끈 같은 모양부터 구체 모양까지 다양한 형태를 보여요. 발병한 원숭이나 박쥐의 사체에서부터 인간 사회로 퍼진 것으로 추정돼요. 사람 간의 감염은 발병한 사람의 혈액이나 타액, 체액을 직접 접촉하면 이루어져요. 왼쪽 사진은 에볼라 출혈열로 사망한 사람을 매장하는 사람들이 감염되지 않도록 방호복을 입고 사망자를 소독하고 있는 모습이에요.

감염증과의 싸움
인류가 박멸하는 데 성공한 감염증이 있어요. 바로 천연두바이러스가 일으키는 천연두예요. 감염력이 높고 치사율도 높아 예로부터 두려움의 대상이었지요. 하지만 18세기 후반에 백신이 발명되고 예방할 수 있게 되어 환자 수가 점차 줄었고, 1980년에는 천연두 환자가 사라졌어요. 현재 천연두바이러스는 자연계에 존재하지 않고, 미국과 러시아의 연구소 두 곳에만 보존되어 있어요.

⚠ 중증으로 발전하면 전신 출혈
크리미안 콩고 출혈열 바이러스
산토끼 등, 바이러스를 가진 동물을 흡혈한 진드기로부터 감염돼요. 크리미안 콩고 출혈열은 아프리카나 동유럽, 중앙아시아 등에서 발견돼요. 증상이 심해지면 전신 출혈이 나타나요. 치사율은 15%~40% 정도라고 해요.

출혈이 일어난 환자. 몸 안에서 출혈해 붉고 검게 물들었어요.

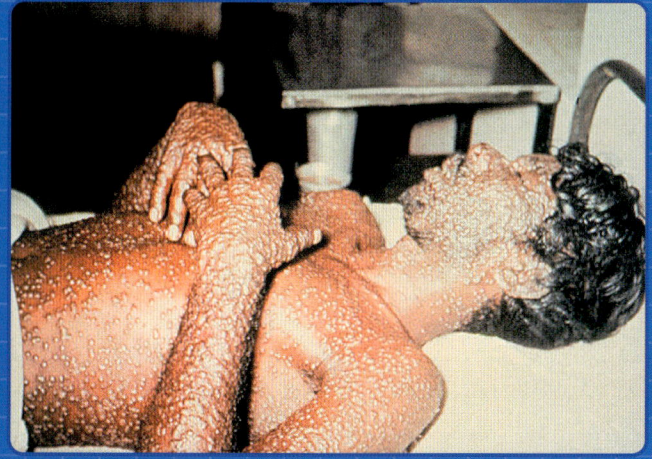
▲천연두에 걸리면 급성 발열이나 두통이 나타나고, 사진처럼 전신에 부스럼이 생겨요. 강한 형태인 것의 치사율은 20~50%에 달해요. 전 세계 각지에서 유행했던 기록이 있고, 1770년 인도에서 유행했을 때의 사망자는 300만 명을 넘었다고 해요.

구체 형태인 것이 크리미안 콩고 출혈열 바이러스예요. 감염자의 혈액이나 체액과 직접 접촉하면 사람에서 사람으로 감염돼요.

세균은 바이러스와 완전히 다를까?
병원체의 비밀

병원체의 비밀

세균과 바이러스의 차이는 무엇인가요?

A 세균과 바이러스는 크기나 구조 등 다양한 부분에서 달라요. 가장 큰 차이는 증식하는 방법이에요. 세균은 주변에 있는 영양분을 거둬 스스로 번식할 수 있지만, 바이러스는 사람이나 동물의 세포에 들어가지 않으면 증식할 수 없어요. 예를 들면 세균은 물에 젖은 걸레 안에서 늘어날 수 있지만, 바이러스는 시간이 지나면 부서져 없어져요.

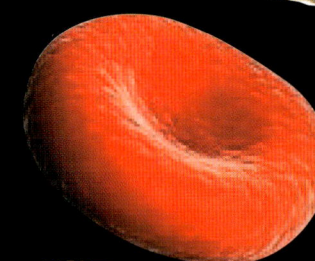

머리카락
(두께 100μm=0.01cm)

적혈구
(지름 8μm=0.0008cm)

코로나바이러스
(지름 100nm=0.00001cm)

대장균
(길이 4μm=0.0004cm)

팬데믹이란 무엇인가요?

A 감염증이 국경을 넘어 복수의 국가나 대륙에 확산·동시 유행하는 상태예요. 감염증의 유행은 단계적으로 늘어나요. 우선 특정 장소에서 유행하는 '아웃브레이크'가 일어나고, 더 넓은 지역에 퍼지면 '에피데믹'이라고 부르며, 국가나 대륙을 뛰어넘어 확산하면 '팬데믹'이라고 불러요. 역사상 다양한 병원체가 세계 각지에 유행했어요.

아웃브레이크 · 에피데믹 · 팬데믹

신종 코로나바이러스(21세기)
발생 지역 : 불명
유행 지역 : 전 세계
사망자 수 : 약 538만 명
(2021년 12월 기준)

2020년 1월, 신종 코로나바이러스가 중국에서 발견되어 순식간에 전 세계로 퍼졌어요. 감염 확대를 막기 위해 세계 각지에서 도시나 공항을 폐쇄했고, 시민들의 외출 금지 조치가 이루어지는 등 스페인 독감 이래로 전 세계 유행이 됐어요.

천연두(8세기)
발생 지역 : 불명
유행 지역 : 일본
사망자 수 : 추정 약 100만 명

천연두가 어디에서 발생했는지는 밝혀지지 않았으나, 약 3200년 전의 이집트 왕 람세스 5세의 미라에서 천연두를 앓았던 흔적이 발견되었어요. 일본의 경우, 대륙과 활발하게 교역했던 6세기경에 유입되어 737년에 대유행했어요.

페스트 (14세기)
발생 지역 : 중앙아시아
유행 지역 : 유럽
사망자 수 : 추정 2,000만 명

페스트(흑사병)는 역사상 몇 번이나 유행했는데, 가장 유명한 건 14세기에 발생한 2번째 대유행이에요. 당시에 서쪽으로 영토를 넓히던 몽골군의 대이동에 의해 중앙아시아에서 발생한 페스트균이 유럽에 퍼졌어요.

콜레라(19세기)
발생 지역 : 인도
유행 지역 : 전 세계
사망자 수 : 추정 약 3,000만 명

콜레라는 콜레라균을 병원체로 하는 감염병이에요. 발병하면 심한 설사로 탈수 증상을 보이고, 사망에 이르러요. 원래는 인도의 풍토병이었지만 교통 기관의 진보, 경제 활동 세계화 등으로 약 20년 동안 전 세계에 퍼져 영향을 미쳤어요.

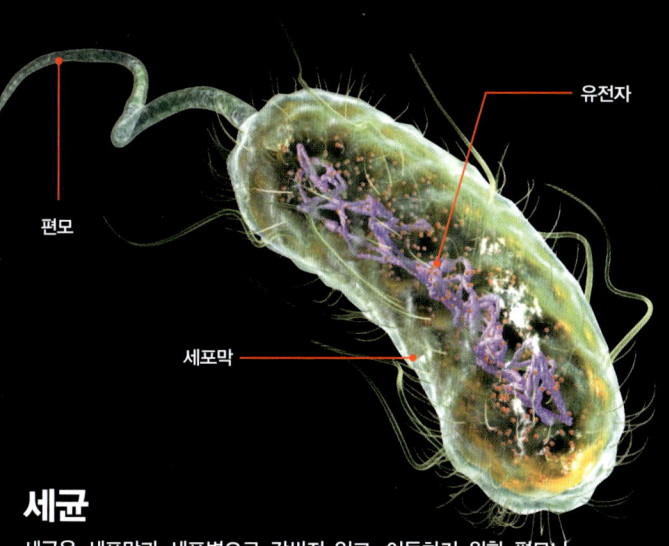

세균
세균은 세포막과 세포벽으로 감싸져 있고, 이동하기 위한 편모나 사람의 세포에 달라붙기 위한 선모 등을 갖추고 있어요. 일부 세균에 감염되면 병이 되는 것은 세균이 몸 안에서 증식할 때 독소를 내뿜어 몸을 다치게 하기 때문이에요.

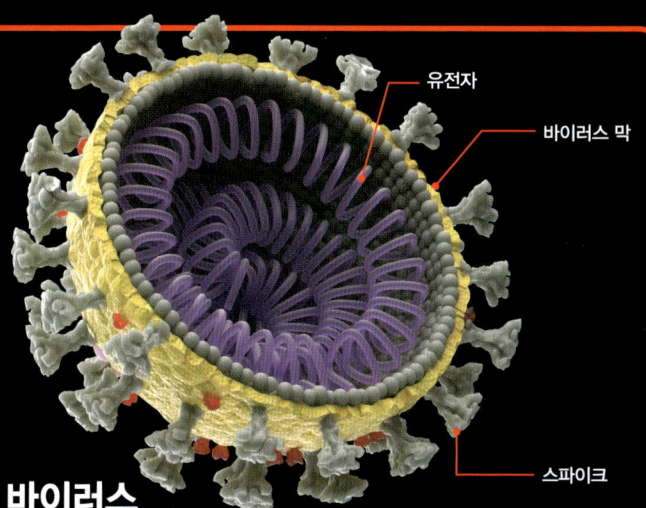

바이러스
위의 그림은 바이러스를 반으로 쪼갠 그림이에요. 구조는 아주 단순하며 바이러스 막에 유전자가 들어 있어요. 스파이크라는 돌기는 사람이나 동물의 세포에 들어갈 때 기능해요. 바이러스는 세포에 침입하면 그 세포의 단백질을 이용해 번식해요. 바이러스가 침입한 세포는 파괴돼요. 이렇게 파괴된 세포가 늘어나면 감염증 증상이 나타나요.

※바이러스 막이 없는 바이러스도 있어요.

스페인 독감 (20세기)
- 발생 지역 : 미국
- 유행 지역 : 전 세계
- 사망자 수 : 추정 약 4,000만 명

1918~1920년에 일어난 인플루엔자 바이러스에 의한 팬데믹이에요. 제1차 세계 대전 도중이었던 당시, 바이러스는 미국군과 함께 유럽에 전해져 전 세계에 퍼졌어요. 일본에서도 유행해 45만 명이 사망했어요.

천연두 (16세기)
- 발생 지역 : 불명
- 유행 지역 : 중앙아메리카
- 사망자 수 : 추정 500만 명

15세기에 신대륙 아메리카가 발견된 이래로 다양한 병이 유입되었어요. 천연두도 그중 하나로, 중앙아메리카의 아즈텍 제국에서 대유행해 큰 피해를 줬어요. 50~90%의 주민이 사망했다고 해요.

Q 신종 코로나바이러스가 세계적으로 유행한 이유는 무엇인가요?

A 우선 신종 코로나바이러스의 감염력이 강하기 때문이에요. 그리고 감염되어도 증상이 나타나지 않거나, 증상이 나타나도 기침이나 발열 같은 가벼운 증상으로 넘어가는 사례가 많은 것도 감염 확대의 원인 중 하나예요. 그 때문에 감염된 것을 알아채지 못하고 일상생활을 하다가 모르는 사이 다른 사람에게 옮기기도 해요. 게다가 신종 코로나바이러스는 미지의 바이러스로, 사람들 대부분은 면역력이 없어 누구든 감염될 위험이 있어요. 또 유행이 시작되었을 때는 백신이 없었어요. 이러한 특징과 항공기 등 수많은 사람이 전 세계로 왕래하는 현대 사회의 환경에 의해 신종 코로나바이러스가 팬데믹이 됐어요.

코로나바이러스
바이러스 표면의 돌기가 태양의 '코로나'라는 가스층과 비슷하여 이러한 이름이 붙여졌어요. 지금까지 수많은 코로나바이러스가 발견되었으며 그중 인간에게 감염되는 건 6종이 있어요.

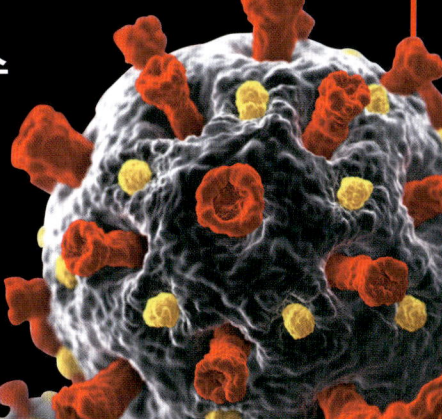

외출하기 전에 알아야 할
위험생물 안전 매뉴얼

초원이나 숲, 바다나 강 등 수많은 야생동물이 서식하는 자연에는 놀랄 만한 감동이 있어요. 그만큼 지금까지 본 것과 같은 위험한 생물도 많이 있지요. 여기서는 야외에서 위험생물로부터 몸을 보호하기 위해 조심할 사항과 주요 위험생물로부터 주의해야 하는 일부 포인트를 소개해요.

✱ 접근하지 말고 만지지 말자 ✱

위험생물로부터 몸을 보호하기 위해 가장 신경 써야 하는 건 잘 모르는 생물에게 가까이 다가가거나 만지지 않는 거예요. 무심코 만지더라도 다치지 않을 만한 복장을 갖춰야 해요. 또 위험생물이 나타나기 쉬운 지역에서는 충분히 조심해야 해요.

야외에서의 복장

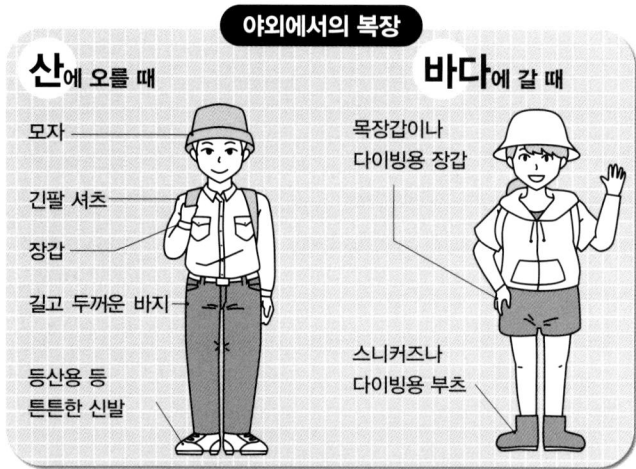

산에 오를 때: 모자, 긴팔 셔츠, 장갑, 길고 두꺼운 바지, 등산용 등 튼튼한 신발

바다에 갈 때: 목장갑이나 다이빙용 장갑, 스니커즈나 다이빙용 부츠

위험생물이 나타나기 쉬운 장소

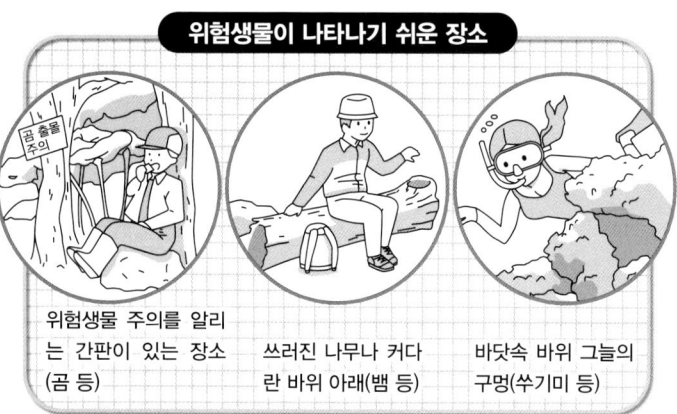

- 위험생물 주의를 알리는 간판이 있는 장소 (곰 등)
- 쓰러진 나무나 커다란 바위 아래 (뱀 등)
- 바닷속 바위 그늘의 구멍 (쑤기미 등)

산이나 숲에서 주로 마주하는 위험생물

곰 (불곰·아시아흑곰)

⚠️ **주의 포인트**

산을 탈 때는 라디오를 켜거나 종을 울리는 식으로 자신의 존재를 알려야 해요.

⚠️ **마주쳤다면**

큰 소리를 내거나 등을 보이고 도망치면 안 돼요. 곰에게서 눈을 떼지 말아야 해요. 천천히 뒷걸음질 쳐서 그 장소를 빠져나와요.

멧돼지

⚠️ **주의 포인트**

사람을 피하기 때문에 마주할 일은 거의 없어요. 마주쳐도 대부분은 그대로 지나가요. 흥분한 상태거나 새끼를 데리고 있을 때는 다가오기도 해요.

⚠️ **마주쳤다면**

다가왔을 때는 멧돼지와 마주하면서 천천히 뒷걸음질 쳐야 해요. 돌진할 때는 나무 위나 바위 위로 도망치세요.

뱀 (일본살무사, 반시뱀, 유혈목이)

⚠️ **주의 포인트**

반시뱀은 사람이 가까이 오면 공격하기도 하지만 일본살무사나 유혈목이는 얌전한 성격이에요. 붙잡거나 밟지 않으면 물릴 일은 없어요. 만나면 뱀이 도망치는 걸 기다리세요.

⚠️ **물렸다면**

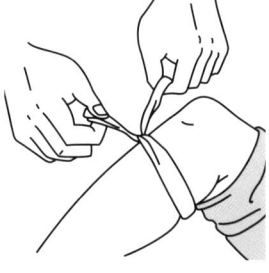

당황하면 맥박이 빨라지고 독이 빨리 돌기 때문에 침착하게 행동하는 게 중요해요. 물린 부위로부터 심장에 가까운 부분을 가볍게 묶고 병원으로 향하세요. 강하게 묶거나 피를 빠는 행동은 하면 안 돼요.

독버섯이나 유독 식물을 먹었을 때

모르는 버섯이나 식물은 절대 먹어선 안 돼요. 독을 지녔을 가능성이 있기 때문이에요. 모르고 먹었다가 구역질이나 복통 등의 증상이 나타났을 때는 먹은 것을 뱉고, 곧바로 병원으로 향하세요. 토사물이나 먹다 남은 것이 있다면 독을 알아내기 쉬워지며 곧바로 치료할 수 있어요.

야외에서 도움이 되는 구급 용품

위험생물의 공격 외에도 벌레에게 물리거나 상처를 입는 일이 있어요. 최소한의 구급 용품을 준비하면 좋아요.

- 벌레 쫓는 스프레이
- 소독액
- 구급 반창고
- 진통제
- 벌레 물림 연고

독을 지닌 나방 유충 무리

⚠ 주의 포인트

독나방이나 노랑쐐기나방 등의 나방 유충은 전국 각지에서 평범하게 볼 수 있어요. 교정이나 공원 등 친숙한 장소에도 있어 주의가 필요해요.

⚠ 독 털이 닿았다면

털이 닿은 부위에 셀로판테이프를 붙이거나 물로 헹궈 털을 떼세요. 염증이 있는 것 같으면 항히스타민제가 든 스테로이드 연고를 바르고 병원으로 가세요.

말벌 무리

⚠ 주의 포인트

둥지를 짓고 있을 때는 특히 공격적이므로 둥지에 다가가선 안 돼요. 또 수액에 모여 있을 때 사람이 접근하면 공격하기도 해요.

⚠ 쏘였다면

우선 그 장소에서 떨어져야 해요. 쏘인 부분을 집고 독액을 빼면서 물로 씻으세요. 스테로이드 연고가 있다면 바르고 식혀요. 되도록 빨리 병원으로 향하세요.

펜 형태 주사약으로 응급 처치

말벌이나 꿀벌 등에게 쏘여 아나필락시스 증상이 나타나면 곧장 병원으로 향해 치료를 받아야 해요. 쇼크 증상이 나타나 목숨을 잃을 수도 있기 때문이에요. 치료를 받기까지의 응급 처치로는 '에피펜'이라는 펜형 주사가 있어요. 스스로 허벅지에 주사해 병원에서 치료를 받기까지 쇼크 증상을 억제해요.

바다 에서 주로 마주하는 위험생물

가시가 있는 물고기 무리 (가오리, 쏨뱅이, 쑤기미 등)

⚠ 가시에 찔렸다면

독액을 짜내고 상처를 잘 헹구세요. 가시가 남아 있다면 제거하세요. 독은 열에 약하므로 45℃ 이하의 물에 30~90분간 담그면 아픔이 가라앉아요. 병원에서 치료받으세요.

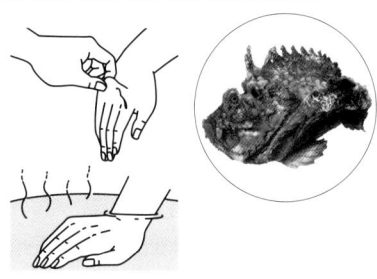

성게나 불가사리 무리

⚠ 가시에 찔렸다면

가시를 빼고 물로 잘 헹구세요. 45℃ 이하의 물에 30~90분간 담그도록 해요. 병원에서 치료받으세요.

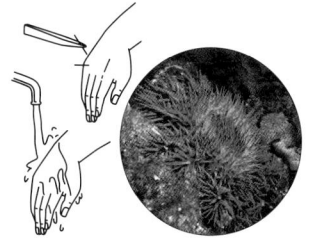

반시뱀해파리

⚠ 독침에 찔렸다면

곧장 바다에서 나와 촉수에 식초를 뿌리고 슬쩍 제거하세요. 식초는 독침의 발사를 방어해요. 곧바로 병원으로 향하세요.

 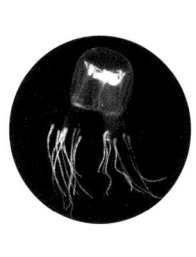

파란선문어

⚠ 물렸다면

상처를 집어 독을 쥐어 짜내고 물로 잘 헹구세요. 목숨을 잃을 수 있으므로 곧장 병원으로 향하세요.

 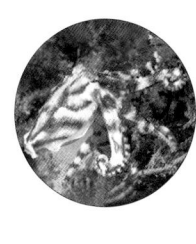

청자고둥 무리

⚠ 치설에 물렸다면

바다에서 나와 물린 부분이 확인되면 그 부위를 살짝 잘라 독을 쥐어 짜내세요. 빨리 치료받으면 목숨을 건질 수 있으므로 곧장 병원으로 향하세요.

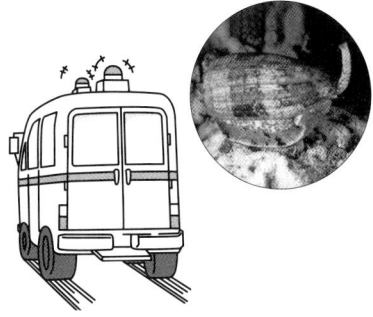

색인

이 도감에 나오는 생물 이름을 가나다순으로 정리했습니다.

가

가면물떼새	171
가분살무사	38
가시북살무사	39
가지뿔영양	27
갈기산미치광이	29
갈라파고스상어	118
갈색과부거미	89
갈색도둑갈매기	171
갈황색미치광이버섯	94
감비아학질모기	72
검독수리	161
검복	103
검은등자칼	12
검은코뿔소	24
검정말벌	79
고래상어	121
고르고놉스	44
골리앗버드이터	87
골리앗타이거피시	150
공작갯가재	108
관뿔매	160
광견병바이러스	189
광대버섯	92
괭이벼룩	187
괭이상어	125
군대개미	82
그리폰독수리	155
그린앤블랙다트개구리	147
그물무늬비단뱀	43
기가스대왕개미	85
기기	142
기름갈치꼬치	103
기린	18
기린쏠배감펭	111
기차노래기	187
긴가시성게	114
까치종다리	170
꼬마장수말벌	78
끈띠바다뱀	37

나

나무타기산미치광이	29
나일악어	132
낙타거미	183
날개쥐치	103
남미산누에나방	68
남미종말파리	51
남바람꽃	95
남방소나무좀	70
남방코끼리물범	100
남코로보리개구리	149
내륙타이판	36, 126
넓은띠큰바다뱀	37
넓은주둥이상어	121
노란다발	95
노란배두꺼비	149
노랑가오리	113
노랑쐐기나방	69
노무라입깃해파리	101
농발거미	88
누	24
느림보곰	60
늑대거북	131

다

대나무쐐기알락나방	69
대문어	103
대보초청자고둥	115, 127
대서양수염상어	125
대서양토르페도	139
대왕고래	104
대왕바리	99
더스키상어	122
덫개미	85
데스스토커	91
데스애더	36
데이노수쿠스	45
독가시치	111
독깔때기버섯	93
독미나리	95
독빈도리	95
독우산광대버섯	93
돌묵상어	121
동갈치	98
동부갈색뱀	36
동부고릴라	60
동부산호뱀	36
동부회색캥거루	13
동자가사리	142
돛새치	99
두건피토휘	127, 155
둔클레오스테우스	44
둥글목남가뢰	67
등검은말벌	78
등검정쌍살벌	80
등줄무늬스컹크	28
딩고	13
딸기독화살개구리	146
땅벌	78, 79

라

라이노바이퍼	38
라텔	28
랑그도크전갈	90
러셀살무사	39
레드피라니아	130
레몬상어	124
레서브라운전갈	91
레오파드바다표범	177
링크할스	34

마

마귀곰보버섯	95
마우이바위모래말미잘	115, 127
말레이시아개미	85
말벌	78
말승냥이	50
말코손바닥사슴	48
매	166
매끈이송편게	103
매리복	103
매미나방	71
맥각균	94
맹그로브뱀	41
머드크랩	109
멍크쥐가오리	113
멧돼지	49
모래뱀상어	124
모잠비크스피팅코브라	33
모하비방울뱀	39
목재방울뱀	64
무늬독나방	69
무태상어	120
물장군	131
미국너구리	49
미국수리부엉이	162
미어캣	35

바

바다뱀	37
바다코끼리	176
반시뱀	40
반시뱀해파리	127
백기흉상어	123
백보사	40
백상아리	96, 116, 125
뱀상어	120, 125
버첼군대개미	84
범고래	106, 116
범블비독화살개구리	147
범블비토드	148
베네수엘라침노린재	73
보아	42
보툴리누스균	188
부시마스터	38
부채가오리	112
부채머리수리	159, 164
북극곰	175
북극제비갈매기	171
북부짧은꼬리땃쥐	65
북아메리카수달	131
분개미	83
분홍사다새	170
불개미	83
불곰	61, 74
불독개미	85
붉은능구렁이	41
붉은등과부거미	89
붉은머리왕지네	67
붉은붉개미	84
붉은사슴뿔버섯	92
붉은수확개미	83
붉은캥거루	13
붐슬랭	41
브라운레클루즈거미	88
브라질떠돌이거미	86

블랙레그다트개구리	147
블랙맘바	36
블루캡이프리트	155
비상쏠배감펭	111
비티스패링고이	179
뼈끔살무사	38
뿔살무사	179

사

사막메뚜기	182
사막뿔살무사	179
사막왕도마뱀	181
사무라이개미	83
사바나덩굴뱀	41
사바나얼룩말	12
사상충	188
사원살무사	40
사이드와인더	178
사자	10, 14, 30
사향소	177
산거머리	187
산림참진드기	186
산미치광이	29
산왕거미	88
산파개구리	148
산호상어	120
새들백캐터필러	68
서일본두꺼비	149
소등에	186
솔개	185
솔나방	69
수도머멕스개미	83
수리부엉이	163
수수두꺼비	141
수염수리	154
스톤피시	110
스트라이프버크전갈	91
스프링복	26

스피너상어	123
시드니깔때기그물거미	88
실론야계	53
썩덩나무노린재	51
쑤기미	111

아

아나콘다	137, 144
아노말로카리스	44
아르트로플레우라	44
아르헨티나개미	84
아르헨티나뿔개구리	149
아마존밀크개구리	148
아마존왕지네	66
아메리카대왕오징어	102
아메리카독도마뱀	181
아메리카들소	23
아시아코끼리	59
아시아흑곰	61
아이티솔레노돈	65
아프리카들개	12
아프리카들소	22
아프리카비단뱀	43
아프리카자이언트밀리패드	67
아프리카코끼리	16
아프리카화꿀벌	76
아프리카흰등독수리	169
아프리칸쿠베라스내퍼	151
악마불가사리	114
악상어	119
악어거북	134
악질방울뱀	32, 40
알광대버섯	93
알락곰치	98
알로사우루스	45
애어리염낭거미	88, 127
앨리게이터가아	151
양봉꿀벌	77
어리뒤영벌	77
에메랄드는쟁이벌	81
에볼라바이러스	189
에키노코쿠스	188
열대불개미	83
염색독화살개구리	147
옐로우팻테일전갈	91
오리너구리	143
오리노코악어	134, 144
오스트레일리아까치	171
올리브개코원숭이	12
올빼미	169
왕나비	69
왕무늬대모벌	81
왕바다리	80
왕침개미	83
울버린	48, 74
웰스메기	151
유럽비버	131
유럽쌍살벌	80
유혈목이	41
은지느러미상어	122
이오나방	69
이집트코브라	14, 15
이크티오사우루스	45
인도악어	135
인도왕뱀	43
인도우산뱀	36
인도코브라	33
인도코뿔소	59
일본꿀벌	77
일본산호뱀	37
일본살무사	40, 126
일본왕개미	83
일본장수도롱뇽	140
일본쥐뱀	41
일본흰개미	187

자

자라	131
자라라카	38
자바늘보로리스	65
자이언트데스스토커	183
자이언트바브	151
자이언트수달	131
자주복	103
작은부레관해파리	115
작은불개미	84
작은파란고리문어	101
잔점배무늬독수리	168
장수말벌	63, 79
장완흉상어	123
재갈매기	185
재규어	58, 164
전기메기	139
전기뱀장어	138
점박이하이에나	12, 14
제왕쥐치복	98
조프루아루세트	157
좀뒤영벌	77
좀말벌	78
줄무늬독개구리	149
줄무늬올빼미	163
중땅벌	79
중앙아메리카살무사	39
지중해과부거미	89
집쥐진드기	186
짧은꼬리강가오리	151
짧은얼굴곰	45

차

차독나방	69
참매	167
참수리	168
천연두바이러스	189
청개구리	141
청독화살개구리	147
청딱지개미반날개	143
청띠쐐기풀벌레	69
청상아리	119
청새리상어	124
청환각버섯	94
체체파리	73
총알개미	84
치타	27
칠성상어	125
침팬지	46

카

카스피코브라	33
칸디루	130
캐나다기러기	170
캐나다산미치광이	29
캘리포니아영원	127, 143
커먼쟁기발개구리	141
케이프코브라	33
코로나바이러스	191
코모도왕도마뱀	19, 20, 54
코코에독개구리	147
코피거품메뚜기	12
크리미안 콩고 출혈열 바이러스	189
큰꼬치고기	98
큰바다사자	100
큰별쌍살벌	80
큰부리까마귀	185
큰화식조	52, 54
큰회색올빼미	169
클라이밍만텔라	148
킹바분	87
킹코브라	64, 126

타란툴라사냥벌	81
타조	26
타피차라카청개구리	148
탄저균	188
태즈메이니아자이언트크랩	109
털보말벌	79
토마토개구리	149
티라노사우루스	45

파란고리문어	101
파란선문어	101,126
파야라	150
파이어샐러맨더	143
파쿠	150
페스트균	188
폭탄먼지벌레	143
표범	12
푸른베짜기개미	84
퓨마	180
프린지드오너멘탈	87
플란넬나방	68
플레시오사우루스	45
피토휘키르호세팔루스	155
필리핀독수리	159

하루살이	186
하마	128
하이	37
한라돌쩌귀	95
향유고래	104
헤라클레스모르포나비	69
호랑이	30,57
호랑이뱀	36
호아친	53

호주상자해파리	115,127
혹고니	184
홍개미	62
홍살귀상어	124
화경버섯	92
활순털진드기	187
황가뢰	67
황금독화살개구리	126,140
황금만텔라	148
황소상어	121,125
황제전갈	91
흑기흉상어	122
흑단상어	121
흡혈박쥐	156
흰꼬리수리	168,173
흰머리수리	152
흰알광대버섯	93
흰올빼미	177
흰줄숲모기	187
흰코뿔소	25
흰코사향고양이	49

[감수]
고미야 데루유키(전 우에노 동물원 원장)

[집필]
시바타 요시히데

[도판]
오가와라 카나, 엔도 아미(오피스 303)

[일러스트]
카미무라 카즈키 (30-31, 74-75)
하시즈메 요시히로 (커버, 14-15, 34-35, 54-55, 116-117, 144-145, 164-165)
미노와 요시타카 (138)
Raúl Martín (45)

[장정]
기도코로 준+세키구치 신페이(JUN KIDOKORO DESIGN)

[본문 디자인]
아마노 히로카즈, 오루이 나오(주식회사 DAI-ART PLANNING)

[편집]
오피스 303

[사진]
특별 협력: 아마나 이메지스, 아프로, Getty Images, SeaPics Japan, e-Photography, PPS통신사

아사히 신문사: 131 / 아사히 신문사/Getty Images : 107 / 시사 통신 포토 : 70-71 / 시바타 요시히데 : 185 / 타마키 히로유키/일본임상피부과의회 : 143 / 나가야마 야스시 : 187 / 밀란 EPD 합동회사 : 193 / 요미우리 신문/아프로 : 101 / 로이터/아프로 : 170 / Caters News/아프로 : 후면지 / Dino & Dario Ferrari of Team Sportex Italy : 151 / Erich G. Vallery, USDA Forest Service - SRS-45 52, Bugwood.org : 70 / Hugh Chittenden : 160-161 / Jessica A.Maisano/The University of Texas at Austin : 21 / J.R. Baker & S.B. Bambara, North Carolina State University, Bugwood.org : 70 / Kike Arnal : 158-159 / kvf/Newsflare : 105 / Micah Maziar : 173 / NHK : 전면지(전기뱀장어 Getty Images) / NPO 법인 숲의 나라 NET : 186-187 / PIXTA : 115, 127 / Roy Caldwell : 108-109 / Show Low, AZ : 172 / Solent News/아프로 : 후면지 / Suzi Eszterhas/Minden Pictures/아마나 이메지스 : 91 / U.S. Air Force/로이터/아프로 : 17

[주된 참고 문헌]
『야외에서의 위험한 생물』(재단 법인 일본 자연보호협회 편집 · 감수, 헤이본샤) /『알아 두면 좋은 아웃도어 위험 · 유독 생물 안전 매뉴얼』(시노나가 사토시 감수, 학연) /『일본의 외래 생물』(다키 야스히코 감수, 재단 법인 자연환경 연구 센터 편저, 헤이본샤) /『야생 고양이 백과』(이마이즈미 타다아키, 데이터 하우스) /『일본의 거미』(신카이 에이치, 분이치 종합 출판) /『곤충은 굉장해』(마루야마 무네토시, 코분샤) /『맹독 동물 최강 공포 50』(이마이즈미 타다아키, 소프트뱅크 크리에이티브) /『HANDBOOK OF THE BIRDS OF THE WORLD』Vol.1-16(Lynx Edicions) /『Urban Insects and Arachnids: A Handbook of Urban Entomology』(William H. Robinson' Cambridge University Press) /『Bones of the Tiger: Protecting the Man-Eaters of Nepal』(Hemanta Mishra' Lyons Press) /『African Fly-fishing Handbook: A Guide to Freshwater and Saltwater Fly-fishing in Africa』(Bill Hansford-Steele' Struik Publishers)

Florida Museum of Natural History' International Shark Attack File' http://www.flmnh.ufl.edu/fish/isaf/home/
The University of Adelaide' CLINICAL TOXINOLOGY RESOURCES' http://toxinology.com/index.cfm 외

<KODANSHA no Ugoku Zukan MOVE KIKEN SEIBUTSU>
© KODANSHA LTD. <2021>
All rights reserved.
Original Japanese edition published by KODANSHA LTD.
Korean translation rights arranged with KODANSHA LTD.
through Shinwon Agency Co.

이 책의 한국어판 저작권은 ㈜신원에이전시를 통해 저작권자와 독점 계약한 루덴스미디어㈜에 있습니다.
저작권법에 의하여 한국 내에서 보호를 받는 저작물이므로 무단 전재 및 복제를 금합니다.

[역자] 나정환
고려대학교 생명과학과를 졸업하고 서울대학교에서 뇌과학을 연구하고 있다. 일본 문화에 흥미를 느껴 자연스럽게 일본어를 공부하게 되었고, 우연한 기회를 통해 번역 일을 시작하게 되었다. 번역한 책으로는 『난 억울해요!』, 『난 진짜예요!』, 『깜짝 놀랄 심해 생물 백과』, 『깜짝 놀랄 독 생물 백과』, 『생물의 엄청난 집 도감』, 『깜짝 놀랄 별미 생물 백과』(코믹컴), 『움직이는 도감 MOVE 식물』(루덴스미디어) 등이 있다.

■ 루덴스미디어

움직이는 도감
MOVE 위험생물

편저 고단샤
감수 고미야 데루유키
역자 나정환
찍은날 2022년 6월 15일 초판 1쇄
펴낸날 2022년 6월 30일 초판 1쇄
펴낸이 홍재철
편집 이호경
디자인 장지윤
마케팅 황기철·안소영
펴낸곳 루덴스미디어(주)
주소 경기도 고양시 일산동구 무궁화로 43-55, 604호(성우사카르타워)
홈페이지 http://www.ludensmedia.co.kr
전화 031)912-4292 | **팩스** 031)912-4294
등록 번호 제 396-3210000251002008000001호
등록 일자 2008년 1월 2일

ISBN 979-11-88406-66-1 74400
ISBN 979-11-88406-60-9(세트)

결함이 있는 책은 구입하신 곳에서 바꾸어 드립니다.
값은 뒤표지에 있습니다.